Klaus Hoffmann

Moderieren und Präsentieren

Wirksame Kommunikation und gezielter Medieneinsatz

POCKET BUSINESS

Cornelsen

Der Autor

Klaus Hoffmann, seit über 20 Jahren erfolgreich im Managementtraining tätig, ist Leiter Fortbildung bei der Firma Roche Diagnostics, Mannheim und selbstständiger Trainer im Institut Mannheimer Seminare Karoline Conrad.
Einige der Abschnitte zu Präsentations-, Moderations- und Kreativitätstechniken gehen auf Vorlagen von **Johanna Härtl** und **Jürgen Kemmerer** zurück.

Die Deutsche Bibliothek – CIP-Einheitsaufnahme
Ein Titeldatensatz für diese Publikation ist
bei Der Deutschen Bibliothek erhältlich.

Verlagsredaktion: Erich Schmidt-Dransfeld
Grafik und technische Umsetzung: Holger Stoldt, Düsseldorf
Umschlaggestaltung: Katrin Nehm
Titelfoto: Corel Library

Cornelsen online http://www.cornelsen.de

1. Auflage Druck 4 3 2 1 Jahr 05 04 03 02

Druck: CS-Druck CornelsenStürtz, Berlin

ISBN 3-589-21908-4

Bestellnummer 219084

Gedruckt auf säurefreiem Papier, umweltschonend hergestellt aus chlorfrei gebleichten Faserstoffen.

Inhaltsverzeichnis

Literatur

Klaus Birker: Betriebliche Kommunikation. 2. Aufl. Berlin, 2000

Gabriele Birker/Klaus Birker: Was ist NLP? Reinbek, 1997

Burkhard G. Busch: Erfolg durch neue Ideen. Berlin, 1999

Johanna Härtl/Jürgen Kemmerer: Präsentation und Moderation. Berlin 2002

Inghard Langer, Friedemann Schulz von Thun, Reinhard Tausch: Sich verständlich ausdrücken. Neuauflage. München, 2002

Andreas Lenzen: Präsentieren und Moderieren. Berlin,1999

Thomas Stelzer-Rothe: Vortragen und Präsentieren im Wirtschaftsstudium. Berlin, 2000

Christian-Rainer Weisbach: Verhandeln und Moderieren für Wirtschaftsstudierende. Berlin, 2000

Einführung

Was Sie in diesem Buch erwartet

Moderation und Präsentation sind häufig genutzte Möglichkeiten der Kommunikation zwischen Menschen im beruflichen Alltag und Sie haben sicher zu diesem Band gegriffen, weil Sie in Ihrer Praxis damit befasst sind: Sie müssen präsentieren oder Gruppen moderieren und suchen einen Leitfaden oder Sie sind Teilnehmer/in einer moderierten Gruppe und möchten mehr über diese Arbeitsform erfahren.

> Der Erfolg einer Moderation oder Präsentation lässt sich unter anderem an der Resonanz messen, die der Moderator oder die Moderatorin bzw. der/die Vortragende mit der Gruppe erzielt.

Eine positive Resonanz zwischen Moderator/in oder /Präsentator/in und den Teilnehmern/dem Publikum entsteht, wenn die gewählten und aufbereiteten Inhalte mittels der Moderation oder Präsentation beim Teilnehmerkreis an persönlich gemachte Erfahrungen anknüpfen und gleichzeitig zur Antriebskraft für die Weiterentwicklung des eigenen Standpunkts oder Wissenshorizonts werden. Dadurch kann auf einer gemeinsamen Informationsbasis ein Austausch der individuellen Positionen erfolgen. Resonanz heißt in diesem Sinne, dass das Ergebnis jeder Moderation und Präsentation davon beeinflusst wird, wie der/die verantwortliche Leiter/in bzw. der/die Vortragende einen Rahmen schaffen kann, der folgende Bedingungen erfüllt:

- Die Teilnehmer/innen werden achtsam und respektvoll in die Kommunikation mit einbezogen,
- es wird eine Atmosphäre des Verstehens und Vertrauens als Grundlage geschaffen, und dies,
- in dem nicht nur „Techniken an lebenden Objekten" angewendet werden (wie es Gundl Kutschera einmal formuliert hat).

Es gibt schon im Alltag zahlreiche Formulierungen, in denen zum Ausdruck kommt, was Resonanz bedeutet:

- gleiche Schwingung erzeugen zwischen Moderator/in bzw. Präsentator/in und Teilnehmer/innen,
- gleiche Wellenlänge herstellen oder
- dafür sorgen, dass „ die Chemie stimmt".

Beachten Sie: Das fordert den/die Leiter/in aktiv. Natürlich müssen die Teilnehmer/innen und Zuhörer/innen auch ihren Beitrag zum Gelingen leisten, aber zunächst einmal ist der/die Leitende in der Pflicht, für den Erfolg zu sorgen:

> Der erfolgreiche Moderator/Präsentator übernimmt die Verantwortung für den Prozess des Verstehens der Sachinhalte.

Um einen solchen erfolgreichen Kommunikationsprozess zu gestalten, sind gleichermaßen

- Methodenkompetenzen und
- Persönlichkeitskompetenz

erforderlich.

> Nur im Zusammenspiel von Methodenkompetenz (Moderationstechnik/Präsentationstechnik mit entsprechenden „Werkzeugen" und mit Persönlichkeitskompetenz ergibt sich das notwendige Prozess-Know-how.

Wir alle kennen die tägliche Praxis, in der gute Fachleute als Präsentatoren auftreten (müssen) oder die Moderation einer Gruppe übernehmen. Wenn eine Vorbereitung dazu stattfindet, konzentrieren sich die Schulungen oder Trainings oft auf die Moderations- oder Präsentationstechnik und so lauten auch viele Buchtitel. Als langjähriger, erfahrener Trainer bin ich davon überzeugt, dass sich mit Technik allein die erwünschte und für einen nachhaltigen Erfolg auch notwendige Resonanz nicht erzielen lässt. Als Moderator/in oder Präsentator/in haben Sie es mit Menschen zu tun und Sie können mit guter Systematik und Visualisierung Ihrer Präsentation beeindrucken – zum Überzeugen und zur Kooperation gehört aber mehr.

Das gilt erst recht für die Moderation, wo es darum geht, zu Arbeitsergebnissen zu gelangen, die von allen mitgetragen werden (auf den Unterschied zwischen Moderation und Präsentation wird später noch eingegangen).
Reicht die Persönlichkeitskompetenz nicht aus, kann das zur Folge haben, dass Moderationen unbefriedigend verlaufen und viele Präsentationen einer One-Man-Show gleichen.
Im vorliegenden Band finden Sie deshalb beides – es wird gleichermaßen auf die Persönlichkeitskompetenz und die Moderations- und Präsentationstechnik eingegangen:

- Im ersten Teil (mit den Kapiteln 1 und 2) möchte ich Sie für die Psychologie der Kommunikation stärker sensibilisieren und Sie unterstützen, Ihre persönliche Kompetenz weiterzuentwickeln. Als Leitlinie dient dabei das Profil eines Moderators/einer Moderatorin, das auf der folgenden Seite skizziert ist.
- Im zweiten Teil erhalten Sie dann kompakte, praxisnahe, „machbare" Leitfäden für die Techniken (Präsentieren in Kapitel 3, Moderieren in Kapitel 4 und die für beides nutzbaren Problemstrukturierungs- und Kreativitätstechniken in Kapitel 5).

Bewusst ist der Teil zur Persönlichkeitskompetenz vorangestellt. Gehen Sie einfach vorbehaltlos an die vorgetragenen Thesen heran und versuchen Sie, die Tipps umzusetzen! Zum Teil sind sie aus psychologischen Erkenntnisen abgeleitet, mindestens handelt es sich um Erfahrungswissen und in jedem Fall um Ausprobiertes, Erprobtes. Probieren Sie selbst aus, was in Ihrer Praxis hilfreich ist. Oft genügen ganz einfache Dinge, um mehr Nutzen zu erreichen.

In diesem Sinne sind wir gespannt auf Ihre Resonanz!

Profil

Ein guter Präsentator
eine gute Präsentatorin

Ein guter Moderator
eine gute Moderatorin

ist dann erfolgreich,wenn er/sie

- über das notwendige Fachwissen und Spezialwissen verfügt,
- hinreichende fachliche Fertigkeiten/Können besitzt,
- in der Lage, ist zu den Teilnehmer/innen auf gleicher Wellenlänge zu sein und Resonanz herzustellen (1.1),
- die Teilnehmer/innen akzeptiert und ihren ethischen Rahmen respektiert und toleriert (1.2)
- klare Ziele hat und weiß, welchen Weg er/sie mit der Präsentation bzw. Moderation gehen möchte (2.3),
- weiß, wie Verhalten aus dem inneren Zustand entsteht, dies erklären und beeinflussen kann (2.4),
- in der Lage ist, andere Menschen schnell kennen zu lernen, Empathie zu entwickeln und einen guten Rapport aufzubauen (2.5),
- die Wahrnehmungssysteme des Menschen kennt und für die Kommunikation nutzbar machen kann (2.5)
- die eigenen Motivationskriterien kennt und sich darum bemüht, die der Teilnehmer/innen kennen zu lernen (2.6),
- die notwendigen Techniken und Methoden sicher beherrscht (Präsentieren = Kap. 3, Moderieren = Kap. 4)
- und zu guter Letzt in der Lage ist, Probleme zu strukturieren und kreativ zu bearbeiten (Kap. 5).

(In Klammern die Nummern der Abschnitte, wo die betreffende Kompetenz in diesem Buch behandelt wird)

1 Kommunikation als unverzichtbare Basis

Für Verständnis und Verständigung sorgen

1.1 Andere verstehen – die gleiche Wellenlänge herstellen

Vielfach haben Sie es bei einer Präsentation oder Moderation mit Menschen zu tun, die Sie noch gar nicht oder nicht so gut kennen. Immer müssen Sie damit rechnen, dass bei Ihren Zuhörern bzw. Teilnehmern Motive, Ziele, Einstellungen anzutreffen sind, die sich nicht mit den Ihrigen decken.
Was bedeutet es in dieser Situation, gleiche Wellenlänge herzustellen bzw. für das Gefühl zu sorgen, dass „die Chemie stimmt“, und warum ist das so wichtig? Der Grund ist einfach: Sie müssen davon ausgehen, dass ohne dieses Gefühl jede Kommunikation wenig erfolgreich sein wird und dass auch Konflikte vorprogrammiert sind, wenn sie abweichende Motive und Einstellungen ignorieren.

Deshalb gilt: Schaffen Sie erst eine bezüglich der Kommunikation konfliktfreie Zone, das meint eine Atmosphäre der wechselseitigen Akzeptanz – dann erst können Sie über Inhalte reden, verhandeln usw.

Da die Initiative von Ihnen als Moderator/in oder Präsentator/in ausgehen muss, müssen Sie das Folgende leisten, um gleiche Wellenlänge herzustellen und um für Resonanz zu sorgen:

- Ihr kommunikatives Vorgehen sollte das Gefühl von Vertrauen und Verständnis vermitteln.
- Sie sollten erkennen lassen, dass Sie sich in die anderen hineinversetzen und sie verstehen können (in die äußere und innere Welt anderer eintauchen, siehe Abschnitt 2.4.).
- Sie sollten Interesse/Neugier an der Befindlichkeit des/der anderen zeigen (innerer Prozess, ebenfalls Abschnitt 2.4).

Insbesondere eine Moderation kann nur gelingen, wenn sich das gegenseitige Vertrauen in die Kompetenz einstellt, eine Aufgabe (gemeinsam) lösen zu können.
Auf die Möglichkeiten, sich in Denken und Einstellungen anderer Menschen hineinzuversetzen, in der Psychologie als Empathie bezeichnet, gehen wir in Abschnitt 2.5 näher ein.

Missverständnisse

Entscheidender Störfaktor beim Aufbau von Resonanz sind Missverständnisse. Machen Sie sich immer wieder klar, dass Missverständnisse vor allem durch Unterschiede in den Wahrnehmungssystemen entstehen – wenn eine Botschaft beim Empfänger anders ankommt, als sie vom Sender gemeint war. Das können Sie nur mit Übung in den Griff bekommen – entweder durch Erfahrung (mehrfache Durchführung der gleichen Präsentation/Moderation mit nachbereitender Auswertung) oder, indem Sie zum Beispiel eine Generalprobe Ihrer Präsentation oder Moderation mit Freunden oder Kollegen durchführen.

Übung

Analysieren Sie den folgenden Dialog. Warum entwickelt er sich konfliktträchtig? Wo würden Sie die Antworten anders formulieren und wie?

A: Du hast dich lange nicht mehr sehen lassen.
B: Aber wir haben doch täglich miteinander telefoniert.
A: Siehst du nicht, dass da ein Unterschied ist?
B. Also, ich habe mich gefreut, deine Stimme zu hören. Aber jetzt klingst du schon wieder so aggressiv.
A: Das scheint dir nur so, weil du bei Beziehungen nicht durchblickst.
B: Ich verstehe dich einfach nicht.
C: Ich kann nicht begreifen, dass ihr euch ständig wegen Kleinigkeiten aneinander reiben müsst.

1.2 Andere akzeptieren – den ethischen Rahmen nicht infrage stellen

Alle Menschen haben für sich einen Rahmen bestimmt, in dem sie sich bewegen. In diesem Rahmen fühlen sie sich wohl. In diesem Rahmen ist festgelegt, was ihnen wichtig ist (Wertesystem),wovon sie überzeugt sind (Glauben,Regeln, Überzeugungen, Erfahrungen aus der Vergangenheit). Wenn Sie diesen (ethischen) Rahmen kennen und akzeptieren, werden Sie mit Ihrer Kommunikation mit anderen kaum Probleme haben.

> Begehen Sie als Präsentator/in oder Moderator/in nie den Fehler, Ihren eigenen ethischen Rahmen zur Norm machen zu wollen.

Für eine erfolgreiche Kommunikation haben sich vielmehr folgende Grundannahmen/Thesen als hilfreich erwiesen:

- Jeder tut das Beste, was er in diesem Moment/in dieser Situation tun kann.
- Jeder strengt sich immer voll für die Erreichung seines (!) Ziels an und gibt dafür sein Bestes. Das gilt – wohlgemerkt – für den persönlichen Einsatz, das persönliche Engagement.
- (Fast) jede Fähigkeit ist gut und nutzbar, natürlich nicht für jeden Zweck und zum richtigen Zeitpunkt eingesetzt. Das gilt durchaus auch für Fähigkeiten, die oft sanktioniert werden (es gibt Situationen, in denen es gut ist, aggressiv zu sein, es kann sinnvoll sein zu schreien).

Unterstellen Sie deshalb einfach, dass jedes Verhalten von der jeweiligen Person mit einer – für sie – positiven Absicht verfolgt wird und Sinn macht. Nur so können Sie Ihr Gegenüber verstehen, nur so treffen Sie auf Akzeptanz und erreichen gleiche Wellenlänge. Als Präsentator/in überzeugen Sie nicht, wenn Sie sich als Schulmeister betätigen und Verhalten disqualifizieren. Sie ernten mindestens innere, möglicherweise äußere Ablehnung. Als Moderator/in (siehe Abschnittt 2.1) dürfen Sie keine Stellung beziehen, sondern Sie müssen sich neutral verhalten. Und was gleich wichtig ist: Die Moderation setzt darauf, dass eine Gruppe eigenverantwortlich und nur mit Unterstützung des Moderators tätig wird.

In jedem Fall ist Ihre Kommunikation immer so gut oder so schlecht wie die Resonanz, die Sie erhalten, und Ihre Gesprächspartner sind immer Ihr Spiegelbild in der Kommunikation. Sie signalisieren Ihnen, was verstanden wurde und was nicht, was angenommen wurde und was nicht.

Eine derartige Haltung ist längst nicht allerorten selbstverständlich, noch oft genug wird die Arbeit in der Gruppe mit einer direktiven Gruppenleitung verbunden, wohinter oftmals ein anderes Menschenbild steht: Das des bequemen Mitarbeiters, dem wenig Kreativität und nur mäßiges Interesse unterstellt wird.

Überlegen Sie einmal, was sich verändert, wenn sie den ethischen Rahmen Ihrer Gruppenteilnehmer/innen zu verstehen versuchen, akzeptieren und positiv aufgreifen. Was geschieht, wenn Sie diese Haltung Ihren Mitmenschen gegenüber zum Ausdruck bringen? In der das Kapitel abschließenden Übung sind Sie aufgefordert, sich Ihren ethischen Rahmen und Ihre Sicht der Teilnehmer/innen bewusst werden zu lassen. Wo ist Ihr Standort?

Übung

Was bestimmt Ihren ethischen Rahmen?

1. Schreiben Sie die wichtigsten Kriterien auf, die Ihnen in der Zusammenarbeit/im Zusammenleben mit anderen wichtig sind.
2. Welche positiven Überzeugungen/Vorstellungen haben Sie normalerweise über Ihre Zuhörer bzw. Teilnehmer? Notieren Sie die wesentlichen Aspekte.
3. Überlegen Sie, inwieweit beides Ihr Verhalten als Präsentator/in oder Moderator/in prägt.

2 Persönliche Kompetenz

Fassetten des Qualifikationsprofils

2.1 Die Unterschiede zwischen Präsentieren und Moderieren

Präsentation und Moderation stellen teils gleichartige Anforderungen an die Kommunikation und einige Phasen der Durchführung ähneln sich. Es nimmt nicht Wunder, dass die beiden Formen in der Praxis auch oft ineinander übergehen.

> Die Rollen von Präsentator/in und Moderator/in sind jedoch grundverschieden.

Das sollte geklärt werden, bevor wir uns im Einzelnen mit den Fassetten der persönlichen Kompetenzen für beide Methoden befassen.

Präsentation

Bei der Präsentation stehen der/die Präsentierende und das festgelegte Thema im Vordergrund.Die Zuhörer/-innen werden Sie zu Beginn einer ständigen Bewertung unterziehen. Das sind die entscheidenden Minuten! In dieser kurzen Zeit entscheidet sich, ob die Zuhörer/innen bei Ihnen bleiben und begeistert sind, an Ihren Lippen hängen oder ob sie sich verabschieden und sich gedanklich anderen Dingen zuwenden.

Die Teilnehmer/innen werden Sie an Folgendem messen:

- Wie habe Sie sie in Ihren Bann gezogen?
- Wie ist es Ihnen gelungen, sie zu begeistern?
- Wie haben Sie sie überzeugt?
- Wie authentisch waren Sie?
- Was haben Sie verständlich machen können?
- Welche Anregungen haben Sie für ihre Arbeit erhalten?

Moderation

Bei der Moderation stehen der Prozessverlauf und die Teilnehmer/innen im Vordergrund. Der/die Moderator/in bleibt inhaltlich weitestgehend im Hintergrund (neutrale Person).

> Der/die erfolgreiche Moderator/in übernimmt hier die Aufgabe, die Teilnehmer/innen miteinander agieren zu lassen.

Dabei hat er/sie die Verantwortung dafür, dass sich der Prozess der Kommunikation zwischen den Teilnehmern an den thematischen und zeitlichen Rahmenbedingungen orientiert und dass die einzelnen Beiträge verstanden bzw. bearbeitet werden. Soweit unterschiedliche Standpunkte auftreten, muss die Gruppe klären, wer Recht hat und welches die besseren Argumente sind. Arbeitsergebnisse müssen gemeinsam verabschiedet und getragen werden.

Der Erfolg Ihres Handelns wird u. a. an folgenden Kriterien gemessen:

- Das Ziel ist mit größtmöglichem Konsens erreicht.
- Das Ziel ist in der vorgegebenen Zeit erreicht.
- Die Ressource „Mensch“ wurde optimal genutzt.
- Alle Teilnehmer/innen haben sich einbringen können.
- Das Ergebnis steht im Einklang mit den eigenen Zielen/Aufgaben/Bedürfnissen.
- Es hat allen Spaß gemacht, die Atmosphäre war entspannt und locker.

Moderationsmethode und Workshopmoderation

Einzelne Elemente der Moderationsmethode (die in Kapitel 4 näher behandelt wird) haben in vielen Unternehmen in regelmäßig stattfindenden Teambesprechungen Einzug gehalten – moderierte Teamarbeit hat weite Verbreitung gefunden. Wird zur Lösung eines einzelnen Problems eine länger dauernde Moderation gezielt durchgeführt, handelt es sich um eine Workshopmoderation.

Kompetenzdreieck

Die Komptenzen, die für die Präsentation und die Moderation generell benötigt werden, sind im Prinzip die gleichen. Sie werden oft im Dreieck angeordnet, um ihre Wechselbeziehung zu veranschaulichen.

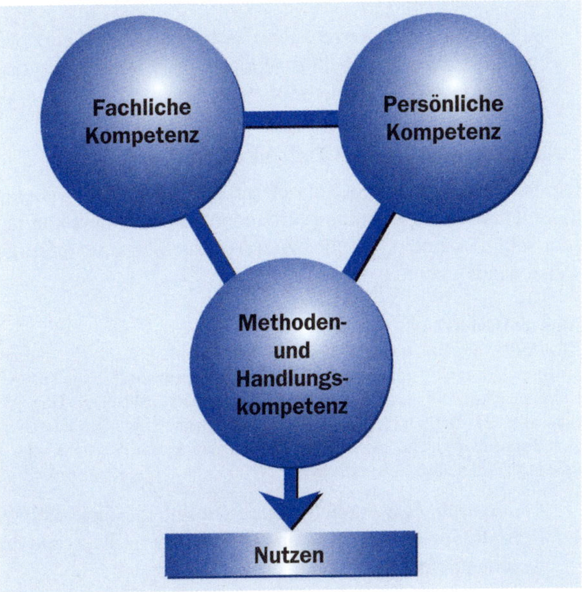

Das Kompetenzdreieck der Präsentation und Moderation: Fachliche Kompetenz und persönliche Kompetenz laufen in der Handlungskompetenz zusammen, zu der auch noch Methodenkompetenz zählt.

So einfach das Dreieck aussieht – seine Durchsetzung in der Praxis erfordert vielerorts konsequentes Umdenken, weil noch immer stark die fachliche Kompetenz im Vordergrund gesehen wird. Spätestens die Messlatte der Teilnehmer sollte klar machen, dass wirklich alle drei Kompetenzen gefordert sind.

2.2 Ziele formulieren

Das (fachliche) Grobziel von Präsentationen und Moderationen ist in der Regel vom Arbeitgeber bzw. vom Auftraggeber vorgegeben oder es ergibt sich aus den eigenverantwortlich wahrgenommenen Aufgaben einer Stelle.

> Schwerpunkte zu setzen und das Grobziel auf Feinziele herunterzubrechen, gehört jedoch vor Vorbereitung der Präsentation oder Moderation.

1000 Wege können zum Ziel führen

Dieses Sprichwort beschreibt treffend das eine Grundproblem, das mit der Zielformulierung verbunden ist. Das andere kommt sehr schön in einem Märchen zum Ausdruck, das wir auszugweise wiedergeben:

Alice im Wunderland
Alice fällt in den Brunnen und ist in einer anderen Welt. Es gefällt ihr und sie schaut sich neugierig um. Sie kommt zu einer Wegkreuzung. Sie weiß nicht, wohin sie gehen soll, und fragt den Bären, der dort sitzt: „Welches ist der richtige Weg?" Der Bär fragt:„Wohin willst du gehen?" Und Alice antwortet: „Das weiß ich nicht." „Dann", sagt der Bär, „wird jeder Weg der Richtige sein." (Zitiert nach G. Kutschera)

> Die zentrale Frage lautet: Was genau sind die Ziele meiner Präsentation/Moderation und auf welchem Weg und in welchen Schritten erreiche ich sie?

So, wie Pädagogen Lernziele in eine Hierarchie bringen und sie konkret in Verben fassen („Operationalisieren"), müssen Sie als Präsentator/in bzw. Moderator/in fragen, was Ihre Zuhörer/-innnen bzw. Teilnehmer/innen

- kennen,
- wissen,
- können und
- tun

sollen.

Kriterien für eine klare Zielformulierung

Sorgen Sie für klare Zielformulierungen, damit die Ziele am Ende überprüfbar sind. Das erhöht zugleich die Chance, die Ziele auch zu erreichen.

1. Das Ziel ist inhaltlich und sinnlich genau beschrieben

Fragen, die zu einer inhaltlichen Definition des Zieles führen, können sein:

- Was will ich erreichen?
- Was ist meine Vision?
- Wohin will ich?

Diese inhaltliche Beschreibung kann durch eine klare sinnliche Konkretisierung noch verstärkt werden und die Handlungsmotivation erhöhen. Fragen, die zu einer sinnlichen Definition des Ziels führen, sind:

- Welches Bild mache ich mir von meinem Ziel?
- Welche Vorstellungen habe ich?
- Wie klingt für mich diese Formulierung?
- Welchen Eindruck habe ich von dieser Formulierung?
- Welche Gefühle sind für mich mit dem Ziel verbunden?

Je konkreter diese sinnesspezifisch genauen Formulierungen mit inneren Bildern, Worten und Gefühlen verbunden sind, umso klarer werden unsere Kriterien für das Erreichen des Ziels.

Beispiel

Mein Ziel ist: Die Präsentation/Moderation findet Anklang bei den Teilnehmer/innen, liefert neue Erkenntnisse und wird verstanden.
Die Teilnehmer/innen diskutieren ihre eigenen Vorstellungen dazu und beziehen die neuen Informationen gerne mit ein. Insgesamt verlassen alle Beteiligten die Veranstaltung mit dem Eindruck, dass sowohl eine erhellende, informative Präsentation/eine konstruktive Moderation wie auch eine gute Atmosphäre zum Erfolg beigetragen haben.

2. Das Ziel soll erreichbar sein
Um das Ziel zu erreichen, muss es im eigenen Einflussbereich liegen, damit die Realisierung selbst gesteuert und kontrolliert werden kann.

3. Das Ziel soll positiv formuliert sein
Durch eine positive Formulierung bewirken Sie eine Selbstmotivation, da die Veränderung hin zu etwas Neuem wirkt, nicht weg von etwas nicht Erwünschtem. Es werden innerlich positive Bilder und Gefühle bezüglich des Zieles erzeugt.

Beispiel
„Die Präsentation/Moderation wird nicht schlechter als das letzte Mal.“ Oder: „Die Präsentation/Moderation wird mindestens genauso erfolgreich sein wie beim letzten Mal“. Zugegeben, das ist ein simples Beispiel. Aber achten Sie einmal in der Praxis darauf, wie oft negative Formulierungen gebraucht werden!

4. Das Ziel ist in einen konkreten Zusammenhang eingebunden (Kontext gebunden)
Zum Kontext gehören:
- Personen (Wer sind die Teilnehmer/innen?),
- Ort (Wo findet die Veranstaltung statt?)
- Zeiträume (z.B. bei der Moderation über mehrere Sitzungen: Bis wann haben wir welche Teilergebnisse?)

5. Das Ziel soll mittels Feed-back-Bogen überprüft werden
Fragen Sie sich, wie und woran Sie bemerken, ob Sie Ihr Ziel erreicht haben – so arbeiten Sie die individuellen Erfolgskriterien heraus und können diese berücksichtigen.
Die Frage „Was wird sich für Sie und andere verändern, wenn Sie Ihr Ziel erreichen?“ stellt darüber hinaus sicher, dass alle Folgen der Zielerreichung bedacht werden.

6. Das Ziel ist in der Gegenwart formuliert
Das heißt: Ziele werden als vorweggenommenes Resultat formuliert, so, als ob es schon erreicht wäre.

7. Das Ziel ist positiv beschrieben und umreißt das gewünschte Ergebnis

Beispiele
„Der Workshop bringt um 20% höhere Folgeanmeldungen gegenüber dem Vorjahr“ ist eine eindeutig positive Formulierung. Ein „negatives“ Ziel produziert nicht zielführende Vorstellungen („Meine Zuhörer sollen nicht einschlafen!“ - Vorsicht, damit sie nicht wirklich einschlafen, denn unser Unterbewusstsein kennt keine Verneinung).

8. Für die Zielerreichung sind Kriterien festgelegt

Stellen Sie sich das Ziel mit allen Sinnen vor!

- Wie sieht das Ziel aus, wenn Sie es erreicht haben ? Machen Sie ein „Foto“: Ich in der Zielsituation!
- Wer ist auf dem Bild zu sehen?
- Was fühlen Sie?
- Was hören Sie?

9. Für das Ziel sind Randbedingungen bestimmt

- Mit wem erreiche ich das Ergebnis?
- Wo erreiche ich das Ergebnis? Ort der Präsentation/Moderation (mit seinen örtlichen Gegebenheiten)
- Wann, welcher Tag,Uhrzeit (mit den Besonderheiten, die Jahreszeit, Saison, Tageszeit etc. mit sich bringen)

Diese Randbedingungen leiten zur Technik über, die in den Kapiteln 3 und 4 behandelt wird.

10. Die Auswirkungen des Ziels sind bedacht

Sind Ihre wichtigsten Motivationskriterien und Ihre Werte im Ziel enthalten?

Nur wer selbst motiviert ist, kann begeistern!

Und wie sieht das Ziel/Ergebnis aus, wenn Sie es mit den Augen der Zuhörer/innen bzw. Teilnehmer/innen betrachten? Das Feuer.das Sie in anderen entfachen wollen, muss in Ihnen selbst brennen!

Übung

Finden Sie eine Situation in der Vergangenheit, wo Sie selbst völlig begeistert waren oder wo Sie andere begeistert haben. Vergegenwärtigen Sie sich diese Situation mit allen Ihren Sinnen (visuell, auditiv etc). Je mehr Details Sie erinnern, umso intensiver wird die Erlebnisqualität, das Gefühl der Begeisterung, das Sie mit dieser Situation verbindet.
Stellen Sie sich nun vor, wie Sie mit diesem Gefühl vor Ihrer nächsten Gruppe stehen und wie leicht der Funke überspringt...

2.3 Vom inneren Zustand zum äußeren Verhalten

Den Funken überspringen lassen – das bedeutet, die eigene Begeisterung auf die Teilnehmer/innen zu übertragen. Es ist ein Beispiel dafür zu versuchen, aus dem eigenen positiven inneren Zustand ein Verhalten zu gewinnen, das die Teilnehmer/innen dem gesteckten Ziel näher bringt. Dazu hält die Psychologie viele Anleitungen bereit, zu denen man entsprechend viele Trainingsangebote auf dem Markt findet. In der professionellen Moderatorenausbildung und der Schulung von Führungskräften hat sich der Ansatz der Neurolinguistischen Programmierung (NLP) weit verbreitet. Es würde den Rahmen dieses Bändchen über Moderieren und Präsentieren weit sprengen, diesen Ansatz auch nur in Umrissen zu skizzieren. Wir leiten aber zum Zwecke unseres Themas einige sehr hilfreiche und in der Praxis bewährte Thesen ab.
Den Ausgangspunkt (damit es kein Missverständis gibt: für unsere Thesen, nicht für NLP schlechthin) bildet das so genannte Kopfmodell (nach Kutschera). Es unterstellt:

- Jedes Verhalten ist an einen spezifischen inneren Zustand (Emotion) gebunden.
- Dieser innere Zustand ist von der Physiologie und den inneren (Denk)-Prozessen abhängig.

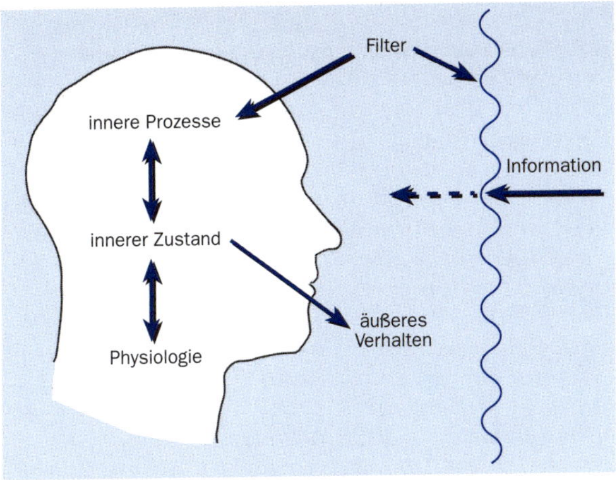

Das Kopfmodell – ein Modell für das Entstehen äußeren Verhaltens

- Unser Denken beeinflusst die Physiologie und umgekehrt die Physiologie unserer Denkprozesse.
  Wenn wir vornübergebeugt, mit hängendem Kopf, hängenden Schultern an einem Problem herumnörgeln, haben wir ein anderes Gefühl – einen anderen inneren Zustand – und damit auch andere (Verhaltens-)Möglichkeiten, als wenn wir an den gleichen Sachverhalt denken, dabei aufrecht sitzen , die Arme nach oben gestreckt, den Kopf in den Nacken gelegt und den Blick nach oben gerichtet.
- Bestimmte (Denk-)Prozesse wirken wie Filter. Sie bestimmen so unsere innere und äußere Wahrnehmung. Diese beeinflusst wiederum unsere inneren Prozesse, die dann schließlich unseren inneren Zustand und unser äußeres Verhalten bestimmen.
- Wichtige Filter sind: Werte, Vorannahmen (Regeln/Beliefs),Vorurteile.

Sehen wir uns ein Beispiel an, wie der innere Zustand das Verhalten beeinflussen kann.

Mögliche Beeinflussung des Verhaltens durch den inneren Zustand – ein Beispiel

Die Ausgangssitution:
Sie haben ein Konzept für eine Präsentation oder eine Moderation eingereicht, der Termin naht, aber Sie haben noch nichts Näheres gehört. Kurz vorher erfahren Sie, dass Ihrem Konzept von entscheidender Stelle mit großem Wohlwollen zugestimmt wurde.

Welche Gedanken könnten kommen?
Das hast du gut gemacht, super! Die Mühe hat sich gelohnt... – Gedanken sind innere Prozesse, Sie treffen die (Vor-)-Annahmen , dass Ihr Auftritt Erfolg haben wird.

Wie könnte sich das auf die Physiologie/Körperhaltung auswirken?
Stolz geschwellte Brust, aufrechter Gang, Bewegungen sind dynamisch...

Wie könnte sich das auf Ihr Verhalten bei der Präsentation/Moderation auswirken?
Sie bringen Begeisterung rüber, Sie sind kreativ und aktiv, Ihre Sinne sind geschärft, Sie sehen alles „bunt und hell“, Ihre Stimme ist klar...

Und nun stellen Sie sich den umgekehrten Fall vor: Sie erfahren kurz vor der Veranstaltung, dass Ihr Konzept skeptisch beurteilt wurde, dass man Sie zwar anhören wird, aber eigentlich andere Ergebnisse anstrebt.
Spüren Sie einen Moment bei sich nach, welche Emotionen hochkommen, auch wenn Sie momentan nur lesen und gar nicht in der Situation stehen. Stellt sich nicht der berühmte Kloß im Hals ein?

Dieses Beispiel veranschaulicht:

Es ist von Vorteil zu wissen, was in Ihnen vorgeht, wenn positive oder negative Botschaften auf Sie zukommen.

Sicher auftreten durch Halten des inneren Zustands

Nach diesem Modell ist die entscheidende Frage: Welche Möglichkeiten haben Sie, Ihren inneren Zustand zu halten? Wenn Sie Ihre eigene „innere Landkarte“ gut kennen, wissen Sie dadurch genau, was Sie gut können und was Sie weniger gut können, wo Sie verletzlich sind und wo Ihre Stärken liegen.Um im Bild zu bleiben: Man kann „hinfahren“, wo man will, Sie wissen, wie Sie sich verhalten müssen. Dadurch, dass Sie sich auf Ihrer „Landkarte“ gut auskennen, sind Sie in der Lage, auf Außeneinwirkungen gut zu reagieren – und darauf kommt es gegenüber der Gruppe, die Ihnen ständig ein Feed-back gibt, in entscheidendem Maße auch an.
Sie wissen, dass jedes Verhalten mit einem Gefühl verbunden ist. Das kann sich positiv oder negativ auf Ihren inneren Zustand auswirken. Positive Gefühle können Hilfen bieten, bei negativen Gefühlen kann es zu schwierigen Auswirkungen kommen, die wir jedoch minimieren können. Dazu müssen Sie Ihre „Schwachstellen“ herausfinden, sich derer bewusst sein und ihren Ursprung kennen.

Je mehr „Schwachstellen“ Sie kennen und je besser Sie damit umgehen können, umso sicherer treten Sie auf.

Entscheidende Schwachstellen sind bei den meisten Menschen Erfahrungen und Erinnerungen aus der Vergangenheit, die in unserem Unterbewusstsein abgespeichert sind.

Beispiele

- Jemand sieht aus wie ein früherer Lehrer, mit dem Sie überhaupt nicht klargekommen sind, und solch eine Person sitzt in Ihrem Vortrag.
- Eine Teilnehmerin erinnert Sie ganz stark an eine frühere Chefin, mit der sie überhaupt nicht zurechtkamen.

Was geschieht in solchen Fällen? Die Vergangenheit holt Sie ein, Sie fühlen sich nicht gut und werden unsicher. Das kann unbewusst geschehen. Sie merken es vielleicht am geänderten Gefühl. Manchmal machen wir uns noch nicht einmal unser Gefühl bewusst, reagieren einfach auf unser Gegenüber und wundern uns dann über dessen erwidertes Verhalten.
Was tun? Sie unterscheiden klar zwischen heute und der Vergangenheit. Die Vergangenheit können wir nicht wegreden, sie ist präsent, aber Sie sind sich voll bewusst, dass Sie in der Gegenwart stehen und können die Vergangenheit mit dem aufkommenden Gefühl wieder verabschieden.

Beispiele

a) Sie hören eine Stimme, wie Mutter, denken Sie. Lassen Sie schöne Erinnerungen an zu Hause hochkommen. Nehmen Sie positive Gefühle mit, sie helfen!
b) Sie riechen etwas. Das stinkt wie in Ihrer alten Firma. Alle negativen Dinge aus dem früheren Job werden sichtbar. Sie müssen darüber hinwegkommen – Sie wissen, das ist Schnee von gestern.
c) Sie schmecken etwas. Die guten Gefühle, die dadurch entstehen, sind o.k. und helfen.Die negativen Gefühle/Emotionen können Sie ignorieren, sie gelten heute nicht mehr.

Übung

1. Sammeln Sie Gefühle! Welche unterschiedlichen Gefühle fallen Ihnen ein?Machen Sie eine Liste!
2. Machen Sie sich den Unterschied zur Gefühlswahrnehmung bewusst! Wie „fühlen“ sich Freude, Spaß, Begeisterung , Ekstase oder Furcht, Angst, …an?
   Finden Sie weitere Beispiele unterschiedlicher Wahrnehmung aus Ihrer Liste!
   - Wo ist das Gefühl lokalisiert?
   - Qualität des Gefühls? (Fließen, strömen, pulsieren, kribbeln, Wärme, Kühle, Leichtigkeit, schwer, fest, …)
   - Richtung? (Von innen nach außen, in Ruhe, überall gleichermaßen, strahlenförmig, kreisförmig…)

Gegen negative Gedanken und unbewusste Prozesse,können Sie „Schutz“ aufbauen, indem Sie positive „Gegengewichte“ schaffen, die Sie bei Bedarf aktivieren können.

TIPP – „Virtueller Kraftplatz“ (Anker)

Als Präsentator/in oder Moderator/in können Sie sich in Ihrem Wirkungsbereich so genannte „virtuelle Kraftplätze“einrichten. Denken Sie sich virtuelle Kreise auf dem Fußboden im Bereich, wo Sie hin und her gehen. Sollten Sie dann im Rahmen Ihrer Funktion z.B. einmal „Power“ oder Kreativität brauchen, bewegen Sie sich zu dieser Stelle, stellen Sie sich darauf und fühlen Sie sich in Situationen ein, wo Sie viel „Power“ oder Kreativität gehabt haben. Das geschieht alles sehr kurz und bei den meisten Menschen funktioniert es ganz gut.

TIPP – Umgang mit Gefühlen der Teilnehmer/innen

Sie wissen, was mit Worten oder Stimmen alles ausgelöst werden kann. Als Präsentator oder Moderator stehen Sie ständig dieser Situation gegenüber. Sie lösen immer bei Ihren Teilnehmern Emotionen aus. Machen Sie sich aber klar: Sie tragen dafür keine Verantwortung! Nur allzu oft geschieht es, dass wir betroffene Gesichter wahrnehmen und anfangen zu denken: „Habe ich was falsch gemacht“? Eine „Lösung“ besteht darin,

- dass Sie sich in der akuten Situation bewusst werden, dass eine Schieflage oder Betroffenheit vorhanden ist und dass Sie diese ansprechen, aber
- im Vorfeld der Präsentation schon ergründen, was für diese Gruppe Reizwörter oder Reizthemen sein könnten.Das gilt insbesondere für externe Moderatoren.

2.4 Empathie

In Abschnitt 1.1 ist der Begriff Empathie gefallen, im Zusammenhang damit, Teilnehmer/innen besser zu verstehen und ein vertrauensvolles Arbeitsklima aufzubauen. Wie gelangt man zu Empathie? Die folgende Magazinseite gibt Auskunft.

Empathie – sich in andere hineinversetzen

Empathie meint die Fähigkeit, sich in Denken und Einstellungen anderer hineinzuversetzen, um Gedanken, Gefühle und Verhaltensweisen des Gegenübers besser zu verstehen und richtig zu interpretieren.

In der Fachsprache des NLP ist für eine tragfähige Beziehung zwischen interagierenden Personen, die durch gegenseitige Achtung und Vertrauen gekennzeichnet ist, der Begriff „Rapport" üblich. Rapport ist die positive Basis für eine konstruktive Kommunikation.
„Pacing" bezeichnet den Weg zu einem guten Rapport, den Aufbau einer positiven Beziehung durch Einstimmung auf den Partner. „Leading" steht für das zielorientierte Weiterführen, ausgehend von der Grundlage eines guten Rapports.

Einstimmung lässt sich herstellen

- über die Sprache,
- durch die Atmung und
- durch Abstimmen von Körperhaltungen.

Bei der Präsentation steht die Sprache im Vordergrund, bei der Moderation gewinnt die Abstimmung von Körperhaltungen an Gewicht.

Sprache

Zuhören, hineinhören was der/die andere sagt, verstehen und vergewissern, ob wir richtig verstanden haben. Wir brauchen mit der Sprache nicht abstrakt zu bleiben, wir können damit die unterschiedlichen Wahrnehmungssysteme ansprechen.

Wir alle kennen und verwenden Formulierungen wie in den folgenden Beispielen. Nutzen Sie solche Formulieren zum Rückfragen und zum Bestätigen, damit Ihr Gegenüber sieht, hört und spürt, was Sie meinen!

Visuell (sehen)	das sehe ich auch so, offensichtlich, glasklar, Einblick gewähren, etwas zeigen, etwas offenbaren, offen legen, unterscheiden, schwarz sehen …
Auditiv (hören)	betonen, erläutern, klingt gut, das hört sich gut an, Missklang, harmonisch, für mich klingt das…
Kinästhetisch (spüren)	sich an ein Thema herantasten, zähe Verhandlung führen, er wird es zu spüren bekommen,…

Übrigens: Es gibt insgesamt fünf Wahrnehmungssysteme, nämlich noch Riechen und Schmecken, und auch das bietet Beispiele (ein Vorschlag schmeckt uns nicht oder etwas riecht nach irgend etwas …).

Körperhaltung

DerAufbau der positiven Beziehung (das Pacing) bedeutet, sein Gegenüber in seinem Verhalten und seiner Befindlichkeit wahrzunehmen und dann das eigene Verhalten im Kontakt zu den Schwingungen des Partners anzugleichen. Dazu gehören neben dem Inhalt der Sprache auch Sprechtempo, Tonfall, Stimmlage, Lautstärke des Sprechens. In nonverbaler Weise bezieht sich das Angleichen auch auf Bewegung, Körperhaltung, Mimik, etc. Dies wird detailliert und genau wahrgenommen und sodann in respektvoller Weise übernommen. Pacing muss einfühlsam erfolgen, sodass sich der Partner nicht nachgemacht fühlt, sondern ein stimmiger Gleichklang entsteht.

2.5 Motivation

Kennen Sie das? Sie halten einen Vortrag oder moderieren eine Teamsitzung und das ganze Geschehen läuft sehr zäh, Sie sind am Verzweifeln. Beim gleichen Vortrag vor anderen Zuhörern oder bei der Sitzung im parallel arbeitenden Team machen die Teilnehmer/innen begeistert mit und die Zeit vergeht wie im Flug. Woran kann das liegen? Sie werden in der Nachbereitung Faktoren abklopfen – äußere Umstände, Ihre Tagesform und natürlich die Zusammensetzung der Gruppe. Möglicherweise waren im ersten Fall die Motivatoren und Anreize für den Teilnehmerkreis nicht oder wenig gepasst, während Sie im zweiten Fall die Teilnehmer/innen gut angesprochen haben und sie besonders motivieren konnten. Sie haben ihre Motivationslage genau getroffen. In diesem letzten Satz steckt das Entscheidende:

> Als Präsentator/Moderator müssen Sie Ihre Motive bewusst erkennen und die (vorhandenen) Motive Ihrer Teilnehmer/innen ermitteln und ansprechen.

Begehen Sie nicht den Fehler, Ihren Teilnehmer/innen Ihre eigenen Motive zu unterstellen!

- Sich Ihrer eigenen Motive (und auch Ziele und Wertvorstellungen) bewusst zu werden, führt auf Fragen wie: Was ist mir wichtig? Wann macht mir eine Aufgabe am meisten Spaß? Wann fühle ich mich sehr wohl? Wann geht es mir richtig gut?
- Zur „fremden" Motivation fragen Sie entsprechend: Was ist den anderen, meinen Zuhörern/Teilnehmern wichtig? Wann macht es ihnen am meisten Spaß? Wann hören, sehen sie gerne zu und wann arbeiten sie gerne aktiv mit?

Wir neigen dazu, unser Verhalten an unseren eigenen Vorstellungen auszurichten, aber für eine erfolgreiche Präsentation und Moderation müssen Sie „kundenorientiert" sein. Denn unmotivierte Teilnehmer sind nicht unwillig, sondern objektiv unfähig zu anderem Verhalten.

Für Selbstmotivation sorgen

Der lustlose Präsentator lässt den Funken nicht überspringen, der von den Umständen der Situation beeinträchtigte Moderator wird kaum zur Aktivität anregen. Kümmern Sie sich also um Ihre Selbstmotivation:

- Was ist Ihnen besonders wichtig bei der Präsentation oder Moderation?
- Was sind Ihre Motivationskriterien?

Übung

1. Überlegen Sie, wann Sie bei einer konkreten Präsentation oder Moderation das Gefühl hatten, dass rundherum alles gut gelaufen ist! Was hat dazu beigetragen? Was haben Sie getan? Was genau ist gewesen?
2. Schreiben Sie alle Punkte auf! Wo sind Ihre Kriterien, die Sie sagen lassen: „Es war gut!“? Finden Sie vier Kriterien heraus, die für Sie besonders wichtig sind!

Vielleicht haben Sie Kreativität oder Zusammenarbeit notiert. Diese Werte finden sich dann auch in Ihrer Rolle als Präsentator/Moderator. Letztlich bewerten wir solche Präsentationen/Moderationen als gut, bei denen wir uns wohlfühlen und wo es uns gut geht, d.h, wir fühlen uns motiviert, voll bei der Sache zu bleiben.
Es ist wichtig, die eigenen Motivationskriterien zu kennen und sie bewusst einzubauen. Denn hieraus schöpfen wir unsere Kraft und Energie und Freude.
Umgekehrt: Fehlen die eigenen Motivationskriterien, wird es anstrengend. Daher ist es hilfreich, das Fehlen rechtzeitig zu erkennen. So haben häufig Störungen, die von außen, aus der Gruppe kommen, ihre Ursache in uns. Und genau das zu erkennen, was von außen kommt und was von uns selbst, ist eine weitere wichtige persönliche Kompetenz: Selbstmanagement.

Motive der Teilnehmer/innen aufgreifen

Um die Motive Ihrer Teilnehmer/innen aufgreifen zu können, müssen Sie diese natürlich kennen lernen. Wie das geschehen kann, hängt ganz von den Umständen ab. Allenfalls in kleinen, längerfristig zusammenarbeitenden Gruppen werden Sie jeden Einzelnen fragen können, und genau das gehört auch in eine bestimmte Phase der Moderation (vgl. Abschnitt 4.5). Bei der Präsentation im großen Kreis unbekannter Zuhörer haben Sie diese Chance natürlich nicht. Dazu gibt es jedoch folgende Tipps:

- Lassen Sie sich vom Veranstalter vorab Informationen über den Teilnehmerkreis geben.
- Gehen Sie vor Beginn der Veranstaltung unter die Leute, fragen Sie, was sie besonders interessiert, was sie inhaltlich von Ihnen erwarten und wie sie am liebsten Informationen aufnehmen.
- Führen Sie bei sich bietenden Gelegenheiten Small – Talk mit Ihren Zuhörern/Teilnehmern! Das ist nicht nur für die laufende Veranstaltung hilfreich, sondern Sie lernen das Publikum kennen, vor dem Sie möglicherweise häufiger oder regelmäßig präsentieren.

Und genauso wichtig:

> Flexibilität ist angesagt! Fahren Sie nicht stur Ihren Präsentationsplan ab, sondern reagieren Sie im Verlauf der Präsentation auf Informationen und bauen Sie, falls erforderlich, ihren Vortrag um.

Um im Laufe einer Präsentation zu erfahren, was zumindest einigen Teilnehmern wichtig ist, gehen Sie in den Dialog und fragen Sie! Bemängelt beispielsweise ein Teilnehmer die „Folienschlacht“, die Sie im Interesse reichhaltiger Visualisierung für richtig gehalten hatten, könnten Sie fragen: „Was sollte stattdessen sein? Was ist Ihnen wichtig? Worauf kommt es Ihnen an? Was stört Sie daran? Was fehlt Ihnen?“

Die Antworten geben Ihnen die gewünschten Einblicke in die Motivation des Teilnhmers und Sie finden Ansatzpunkte für die Anpassung Ihres Konzeptes.

Bei der Moderation ist dies noch einfacher, weil sich der Verlauf sowieso im Gruppenprozess entwickelt.

Aber Vorsicht: Weder dürfen Sie Ihre Interessen verleugnen noch Einzelmeinungen als Gruppenmeinung missverstehen.

Die Balance zu finden zwischen den eigenen Motivationskriterien und denen der Gruppe wie auch zwischen den unterschiedlichen Zuhörern/Teilnehmern schafft erst die Grundlage für eine konfliktarme Atmosphäre und damit eine wesentliche Voraussetzung für gemeinsames Lernen.

2.6 Kompetent als Referent/in – eine kleine Geschichte

Und wie fügen sich die vorgestellten Fassetten der persönlichen Kompetenz in der Persönlichkeit von Präsentator/in oder Moderator/in zusammen? So, wie in einer guten Präsentation auch Anekdoten und Humor ihren Platz finden und ihre Funktion haben, soll das in diesem Buch nicht einfach in eine systematische Checkliste gebracht, sondern in eine kleine Geschichte gekleidet werden. Die angesprochenen Kompetenzen sind jeweils am Rand angemerkt.
Ich möchte Ihre Wahrnehmungssysteme ansprechen und Sie auffordern, sich diese Geschichte lebhaft und bildhaft vorzustellen und sich selbst darin zu sehen. Fragen Sie sich, ob Sie sich ähnlich verhalten hätten, was Sie anders gemacht hätten, was Ihnen bei dem einen oder anderen Detail geholfen hätte.

Vorbereitung/Ziel

Motivationskriterien

Kontakt & Resonanz

Fallbeispiel: Es war einmal…

Eines Tages kam die Anfrage „Wollen sie mal über … einen Vortrag halten“ ? Nach kurzem Überlegen habe ich zugestimmt, ist ja schließlich mein Spezialgebiet. Wie immer habe ich mich darauf vorbereitet. Dieses Mal habe ich meine Seminarfee gebeten, dass sie als virtuelle Teilnehmerin mitkommen soll. Und das war gut so!

Beginn war auf, wie üblich, 20.00 Uhr festgelegt.

„Das reicht ja, wenn ich so eine Viertelstunde vorher dort bin“, sagte ich zu meiner Fee.

„Oh, meinst du! Ist wohl ein bisschen knapp! Woher weißt du, dass alles richtig vorbereitet ist? Kennst du die Teilnehmer/innen? “, sprach die Fee.

„Ja, soll ich die wohl alle kennen?“, antwortete ich.

„Nein, aber ich denke, dass es gut wäre, von einigen zu erfahren, was sie heute Abend erwarten.Was dir wichtig ist, das hast du in deinen Vortrag eingebaut, und wo bleiben deine Zuhörer? Dein Ziel ist klar und das der Teilnehmer/innen?“, sagte die Fee.

„Ach so, du meinst, wenn ich noch Informationen erhalte, dann sollte ich reagieren und sie in mein Konzept mit aufnehmen?“, fragte ich.

„Ja, genau.“, erwiderte die Fee.

„Dann lass uns losfahren!!“,sagte ich zur Fee.

Punkt 19.00 Uhr waren wir am Ort des Geschehens. Schön ist er hergerichtet, der Raum. Technik steht und funktioniert, bemerkte ich.

„Oh, meinst du, dass die Stuhlordnung optimal ist? Schau mal die letzte Reihe, zu weit weg. Was hältst du davon: Wir stellen die Stühle in einen Rundbogen um dich herum, in drei Reihen“, schlug die Fee vor.

„So gesehen, hast du Recht, Fee, sie sind dann viel näher bei mir und ich kann viel besser Kontakt mit ihnen aufnehmen.“, erwiderte ich.

„Jetzt aber! Es kann beginnen!“, sagte ich.

Die ersten Teilnehmer sind eingetroffen, laufen suchend umher. Ich beschäftigte mich derweil mit meinen Unterlagen. Die Fee gab mir zu verstehen, dass ich mich um meine Gäste kümmern soll.
„Ach so, ja, hast Recht. Fee.“ Ich nahm Kontakt mit ihnen auf, plauderte ein wenig.
Einige Wortfetzen davon drangen zur Fee.„Na, was erwarten Sie heute abend?“ „Mir wäre wichtig, dass der Referent…, ja, Bilder wären gut, nicht so viele, wenig Vortrag von vorne…, lebendig, auch Fragen stellen.“
„Uih, das hätte ich nicht gedacht, welche Erwartungen da sind.“, erzählte ich der Fee.
„ Siehst du, wie wichtig es ist, sich vor der Veranstaltung möglichst viele Informationen zu holen? Zum einen beim Veranstalter oder dann direkt vor Ort.“, sagte die Fee zu mir. „Hier ist dann Flexibilität angesagt, weil das Konzept auf Grund der neuen Informationen evtl. geändert werden muss.“
„Ich werde mein Konzept verändern! Ich will die Punkte der Teilnehmer/innen berücksichtigen.“
„Das finde ich gut. Sie werden es dir danken!“, erwiderte die Fee. „Und du kennst deinen Vortrag doch aus dem Effeff. Was hältst du davon, wenn du ihn heute frei, ohne alles abzulesen, vorträgst?“
„Meinst du?“
„ Ja, die Inhalte sitzen und somit hättest du Raum für mehr Kontakt zum Publikum. Warum sprechen Schauspieler frei? Was wäre, wenn nicht?“, fragte die Fee.
„Hm, ist bestimmt nicht so ansprechend.“, sagte ich.
„Genau, da kommt niemand! Und in gewissem Sinne bist du auch Schauspieler. Du kannst doch viel schneller erkennen, wahrnehmen, wo deine ‚Kunden’ sich befinden und bei Bedarf reagieren.“
„ O.K., überzeugt!“, nickte ich zustimmend.
„Und noch ein Tipp. Bilde in deinem Bewegungsfeld auf dem Boden virtuelle Kreise, deine Kraftplätze. Im-

Innerer Zustand

Innerer Zustand

Resonanz

mer, wenn du merkst, du könntest etwas mehr Kreativität gebrauchen, laufe zu dem entsprechenden Platz. Was ist in deinen Kraftplätzen enthalten?"
„Also, ich nehme Kreativität, Power, Gelassenheit und Spaß. Diese Plätze enthalten jetzt meine besten Erfahrungen zu diesen Motivationskriterien. Jetzt kann es losgehen. Ich bin gut vorbereitet, fühle mich wohl."
Der Vorhang geht auf. Bühne frei.
Erwartungsvoll sitzen die Teinehmer/innen vor mir. Nach Begrüßung und Vorstellung, die konnte kurz ausfallen, weil ich im Programm ausführlich vorgestellt bin, ging ich auf den geplanten Ablauf des Abends ein und mache die Zuhörer auf einige Änderungen aufmerksam, auf Grund einiger Informationen, die ich heute abend noch aus ihrer Runde erfahren habe.
„Gibt es noch Wünsche, auf die ich eingehen soll? Wenn nicht, schreibe ich Ihnen noch einmal die Inhalte des Abends an.Ja, meine Damen und Herren, vielleicht haben Sie zu diesem Thema schon etwas gehört ..."
„...und,denk an die Repräsentationssysteme", flüsterte die Fee.
„...oder Sie haben was gesehen oder empfunden?"
„Sehr schön", hörte ich die Fee flüstern.
„Wenn das nicht der Fall ist, dann starten wir. Frage an Sie: Was von diesem Thema ist Ihnen bekannt? Wenn Sie sich kurz zu viert zusammentun und sich darüber austauschen..."
„ Das scheint ja hervorragend zu laufen.", sagte die Fee. „Wenn du in diesem Stil weitermachst, dann..."
Ich machte weiter... es gab sehr schöne Diskussionen . Die Teilnehmer/innen waren begeistert. Als Referent hatte ich es fertiggebracht, meine Begeisterung auf die Zuhörer/innen zu übertragen.

„Moment of Excellence"

Auf den Punkt gebracht

- Ob beim Präsentieren oder Moderieren – wenn Sie mit einer einzelnen Person oder der Gruppe auf gleicher Wellenlänge sind und Gleichklang haben, können Sie sich Ihrer Aufgabe, Ihrem Ziel zuwenden.

- Sind Sie (noch) nicht auf gleicher Wellenlänge angekommen, können Sie fast sicher sein, dass es schwer wird, die angestrebten Ziele zu erreichen. Deshalb lohnt es sich immer, am Anfang die richtige Basis für die Kommunikation aufzubauen.

- Wichtige Voraussetzung dafür ist es, dass Sie den ethischen Rahmen Ihres Gegenübers tolerieren und respektieren. Bedenken Sie: Kein Verhalten ist an sich schlecht, es stimmt nur vielleicht nicht mit Ihren Normen überein und es führt möglicherweise nicht zu den gewünschten Ergebnissen.

- Um die Kommunikation möchlichst Erfolg versprechend zu gestalten, müssen Sie neben den Fach- und Methodenkompetenzen Ihre persönlichen Kompetenzen stetig weiterentwickeln.

- Vergegenwärtigen Sie sich immer, dass Ihr Verhalten und das Verhalten Ihres Gegenübers von den inneren Zuständen gesteuert wird. Konzentrieren Sie sich bei jedem Auftritt darauf, Ihren inneren Zustand zu halten. Damit können Sie Schwächen überwinden.

- Fühlen Sie sich in Ihre Kommunikationspartner ein (Empathie), lernen Sie die Motive der anderen kennen, bauen Sie positiven Rapport auf.

3 Präsentationstechnik

Vorbereiten, Visualisieren und Auftreten

3.1 Ziele und Teilnehmer

Die Zuhörer/innen müssen an der Formulierung der Zielvorstellung erkennen können, was Sie mit der Präsentation erreichen möchten. Wie aus den ersten beiden Kapiteln dieses Buches deutlich wird, sind die Erfolgsaussichten umso größer, je mehr Sie sich an der Zielgruppe orientieren. Die Bedürfnisse und Interessen der Zuhörer/innen müssen integriert werden. Je mehr Sie als Präsentierende/r direkt oder indirekt über Ihre Zuhörer sprechen, desto mehr werden Sie sie in Ihren Bann ziehen. So ist es auch am leichtesten möglich, andere für Ihre Ideen zu begeistern. Zwei Zielbereiche können bei der Präsentation verfolgt werden:

- Zum einen handelt es sich um sachliche Präsentationsziele. Die Zuhörer/innen sollen den Nutzen erkennen, der im Inhalt der Präsentation steckt. Außerdem sollen sie vom Vorgetragenen überzeugt werden.
- Zum anderen handelt es sich um persönliche Präsentationsziele. Als Präsentator/in möchten Sie Anerkennung als Fachmann/-frau und Bestätigung als Mensch finden. Der berühmte Funke soll vom Publikum überspringen.

Eine gelungene Präsentation setzt sich zusammen aus einer klaren Zielvorgabe, dazu passenden schlagkräftigen Argumenten und erzählenden, auflockernden Aspekten.

Man darf nie das Ziel aus den Augen verlieren, das bei den meisten Präsentationen im Vordergrund steht, nämlich, den Zuhörer zu überzeugen.

Beispiele für Sachzielformulierungen

- Die Präsentation soll bewirken, dass den Mitarbeitern die Angst vor der Umstellung auf EDV genommen wird.

- Die Präsentation soll bewirken, dass eine Arbeitsgruppe gebildet wird, die sich um Marketingmaßnahmen kümmert.
- Die Präsentation soll bewirken, dass der Kundenservice verbessert wird.
- Die Präsentation soll bewirken, dass mehr Auszubildende eingestellt werden.

Voraussetzung für den Erfolg ist, dass das Publikum den Zweck erkennt und klare Zielsetzungen vorhanden sind. Das Ergebnis muss im Gedächtnis der Zuhörer haften bleiben.

Überzeugungspräsentation

Angenommen, der/die Präsentierende möchte sein/ihr Publikum davon überzeugen, dass in der Abteilung die Produktivität erhöht werden muss. Dann ist folgender Aufbau sinnvoll:

- Beginn mit einer Schlagzeile, mit deren Hilfe Anlass, Thema und Ziel der Veranstaltung genannt werden. Es folgt die Situationsbeschreibung des Ist-Zustandes mit Bildern, Zahlen und Fakten. Es muss sich um objektive Tatsachen handeln, die auch als solche erkennbar sein müssen.
- Dann folgt die Analyse des Ist-Zustandes und damit eine Sammlung der negativen Folgen, die eintreten, wenn nicht gehandelt wird.
- Als Nächstes muss eine allgemein anerkannte Zielrichtung vorgegeben werden, um sich dabei gleichzeitig die Zustimmung des Publikums einzuholen. Der angestrebte Idealzustand wird geschildert.
- Der eigene Vorschlag wird präsentiert, mit dem die Verbesserung realisiert werden soll.Erläutert werden müssen die notwendigen Änderungen, die einzusetzenden Hilfsmittel, die betroffenen Mitarbeiter und die Kosten.
- Im nächsten Schritt werden die positiven Ergebnisse als Bekräftigung für die Teilnehmer noch einmal zusammengefasst und Ergebnisse festgehalten. Es müssen nun noch unbedingt die Maßnahmen und Wege dargestellt werden, um zu diesem Ziel zu gelangen. Mithilfe einer abschließenden Schlagzeile rundet der/die Vortragende die Präsentation mit einer rückblickenden Zusammenfassung ab.

Checkliste für eine Überzeugungspräsentation

Schritt	Kerninhalt
Einleitung	Schlagzeile
Ist-Zustand	Situationsbeschreibung
Analyse	negative Betrachtung
Idealvorstellung	Zielrichtung
Verbesserung	Vorschlag
Vorteile der Verbesserung	positive Betrachtung
Maßnahmen	Festlegung der Schritte
Rückblick/Zusammenfassung	Schlagzeile

Informationspräsentation

Je nach Komplexitätsgrad des Themas kann man die Informationspräsentation in mehr oder weniger vielen Schritten aufbauen. Es darf jedoch nie der logische Aufbau vernachlässigt werden.

> Den Zuhörern muss der Inhalt mit Bildern oder Beispielen verständlich gemacht werden. Die Veranschaulichung steht hier im Vordergrund.

Die Ausgangslage wird vorgestellt, indem z.B. ein Problem bzw. eine These benannt wird. Daran schließen sich die traditionellen Lösungen an. Im ausführlichsten Teil der Präsentation wird schließlich das neu zu Vermittelnde – und das steht bei Informationspräsentation im Vordergrund, z.B. ein neuer Denkansatz – vorgestellt mit der Präsentation der Ergebnisse.

Teilnehmer der Präsentation

Eine Präsentation kann nur erfolgreich sein, wenn sie auf den Teilnehmerkreis zugeschnitten ist. Dazu muss das Publikum möglichst vorher analysiert werden. Auf einen kurzen Nenner gebracht, muss sich der/die Präsentierende fragen:

- Wie viele Personen nehmen teil (und wenn es eine Rolle für den Inhalt spielt: wie viele Personen welchen Alters)?
- Was erwarten die Zuhörer?
- Welche Einstellungen bringen sie mit?
- Welches Vorwissen haben sie (und wenn es eine Rolle spielt: welchen Bildungsstand haben sie)?

Bei kleineren Gruppen kann es von Nutzen sein, die Namen und die Abteilungszugehörigkeit zu kennen, um gezielter auf Fragen reagieren zu können. Zudem erleichtert es den Kontakt, wenn man die Namen der Teilnehmenden weiß. Wichtig kann auch die Einordnung des Einzelnen in der Unternehmenshierarchie sein, um daraus auf die Verantwortlichkeiten und die Entscheidungskompetenzen schließen zu können.

> Es ist von großem Vorteil, bei der Vorbereitung der Präsentation Einstellungen, Ansichten und Ziele des Publikums in Erfahrung zu bringen.

Die Informationen über den beruflichen Hintergrund der Teilnehmer und ihr Vorwissen über das Thema sind entscheidend für die Ausführlichkeit der Präsentation in den verschiedenen Punkten. Die Berücksichtigung der Interessen der Zuhörer ist enorm wichtig, denn davon hängt es mit ab, wie Sie Resonanz erzielen können. Fachliche und persönliche Kompetenz gehören an dieser Stelle zusammen.

Checkliste zur Teilnehmeranalyse

- Anzahl
- Alter
- Geschlecht
- Beruf
- Aufgaben
- Vorwissen
- Bildung
- Informationsbedarf
- Pflichtveranstaltung?
- Erwartungen
- Ziele und Motive
- Wertmaßstäbe
- Einstellungen
- Präsentationserfahrung?
- Aufgaben
- Hierarchische Stellung

3.2 Formale Vorbereitung

Die Vorbereitung einer Präsentation nimmt mehr Zeit in Anspruch als die Präsentation selbst. Dabei ist darauf zu achten, dass der Inhalt leicht verständlich dargestellt wird, außerdem so praxisnah wie möglich und zugleich durchaus amüsant. Es darf auch ein bisschen spannend sein und auf gar keinen Fall langatmig.

Der/die Präsentierende sollte immer bedenken, dass das, was gesagt wird, noch lange nicht von jedem Zuhörer gehört und verstanden wird (s. Abschnitt 1.1). Das Verstehen impliziert wiederum noch nicht das Einverstandensein. Auf diesen Tatsachen muss eine Präsentation aufgebaut werden.

Weiterhin sind zu beachten:

- Kleidung und Sprache des Präsentierenden müssen sich dem Teilnehmerkreis anpassen (vgl. auch zum Thema Empathie in Abschnitt 2.5).
- Der Blickkontakt zu den Teilnehmern ist ebenso wichtig wie deutliche Aussprache. Nach allem, was in Kapitel 1 und 2 gesagt wurde, sollte es selbstverständlich sein, dass Fragen gestellt werden dürfen – so organisiert, dass Sie als Vortragende/r nicht aus dem Konzept kommen, aber die Zuhörer/innen nicht zu lange warten müssen.
- Auch eine sehr gute Präsentation muss einmal zu Ende sein. Es zählt durchaus zu den Tugenden, den gegebenen Zeitrahmen einzuhalten.

> Eine Präsentation ist mehr als ein Vortrag. Bei beidem spielen Stimme, Sprache, Haltung und Gestik eine große Rolle. Jedoch reicht dies für eine Präsentation nicht aus. Das gesprochene Wort muss sichtbar werden.

Bilder lassen sich leichter einprägen als Gehörtes. Deshalb muss sich jede/r Präsentierende intensiv damit beschäftigen, auf welche Weise er/sie die Unterlagen gestaltet und welche Medien zum Einsatz kommen, was nachfolgend noch ausführlicher behandelt wird.

Wo findet die Präsentation statt?

Ein vorbereiteter Raum ist unerlässlich für eine gute Präsentation und „vorbereitet“ bedeutet Mehreres.

Bestuhlung und Tische gezielt aufstellen

Ob in U-Form oder parlamentarisch bestuhlt wird (siehe Abbildungen auf der folgenden Seite) hängt von der Größe der Gruppe ab und davon, ob z. B. nach der Präsentation eine Diskussion folgen soll. Möchte der Präsentierende mit Tischvorlagen bzw. Handouts arbeiten oder handelt es sich um eine längere Präsentation, müssen Tische aufgestellt werden, um den Zuhörern zu ermöglichen, sich Notizen zu machen oder auch ein Getränk abzustellen.

Vorab mit der Technik vertraut machen

Weiterhin ist zu klären, ob es eine Klimaanlage gibt und wie sie aus- oder eingeschaltet wird. Für das Herunterlassen von Jalousien und Aus- und Einschalten von Licht sollte man sich vorher die Schalter suchen. Auch ist bei der Aufstellung von Tafel, Tageslichtprojektor oder Flipchart zu überprüfen, ob alle Teilnehmer freie Sicht darauf haben. Man sollte sich auch vorher informieren, wer für die Ausstattung des Raums zuständig ist, falls man eine Ersatzbirne oder ein Verlängerungskabel braucht. Möglicherweise findet die Präsentation vor einer großen Gruppe von der Bühne aus statt. Dann wäre es empfehlenswert, mit Hilfe von Kollegen die Lautsprecheranlage und die Akustik zu testen.

Auch an Kleinigkeiten denken

Dazu gehören

- das Bereitlegen eines Zeigestabs,
- das Bereithalten von Stiften und leeren Folien, um eventuell zusätzliche Erklärungen abgeben zu können, wenn außergewöhnliche, aber zum Thema passende Fragen aus dem Publikum kommen, und schließlich
- die eigene Verpflegung (Getränk , Glas).

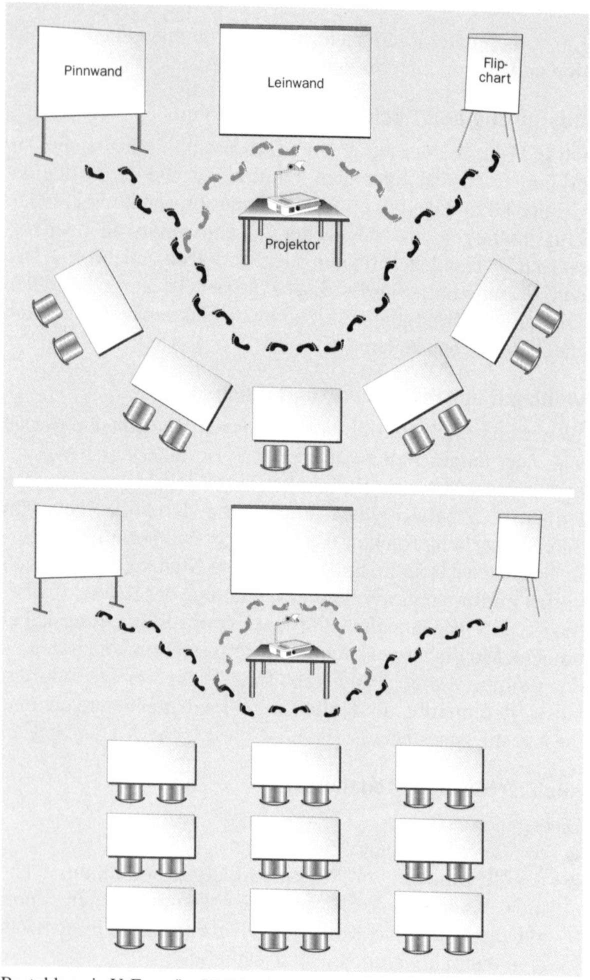

Bestuhlung in U-Form/im Halbkreis und parlamentarische Bestuhlung

3.3 Inhaltliche Vorbereitung, Handout, Stichwortmanuskript

Oft stehen mehr Informationen zur Verfügung, als man braucht. Also muss man

- aus dem Gesammelten zuerst auswählen,
- dann gewichten sowie
- einteilen und im letzten Schritt
- die Inhalte für die Präsentation visualisieren..

Sammeln von Informationen

Eine Präsentation speist sich fast immer auf zwei Gleisen:

1. Die wesentlichen Botschaften stammen aus dem Arbeitsbereich des/der Präsentierenden und darüber verfügt er/sie aus den Unterlagen vom Arbeitsplatz: Beispielsweise ist über die Geschäftsentwicklung, veränderte Organisationsmodelle oder Produkte zu berichten.
2. Für Hintergründe, Anreicherungen, Beispiele, Anekdoten, Ideen für Visualisierungen muss man aber meist Material suchen.
   Im eigenen Unternehmen kann sich das Archiv als wahre Fundgrube herausstellen. Fakten, aktuelle Entwicklungen, Vergleiche etc. findet man oft bei Fachverbänden oder einschlägigen Organisationen. Natürlich bietet sich an, aus drei oder vier Fachbüchern das Wichtigste zusammenzusuchen und sich gleichzeitig einen Überblick zu verschaffen. Tageszeitungen und Fachzeitschriften sind geeignet, wenn man einen aktuellen Bezug braucht. Auch die Nachfrage bei Arbeitskollegen brachte schon die eine oder andere gute Idee.
   Eine Recherche im Internet liefert meist so viele Informationen, dass man sofort wieder selektieren muss, es sei denn, es handelt sich um ein spezielles Thema.
   Zur Auflockerung der Präsentation schadet es nie, wenn man eine passende Anekdote zum Besten gibt oder mit Zitaten zur Erheiterung beitragen kann.

Auswählen der Informationen

Da für die Präsentation immer nur eine bestimmte Zeit zur Verfügung steht, kann man dem Publikum nicht alle Informationen bieten, über die man selbst verfügt.

Abhängig von den Zuhörern greift man zu den aussagekräftigsten und beschränkt sich auf das Wesentliche.

Der/diePräsentierende muss das Ziel klar vor Augen haben, das er/sie erreichen möchte. Dazu passend und unter Berücksichtigung der möglichen stehenden Redezeit wird er/sie die Inhalte auswählen. Soll das Publikum von etwas überzeugt werden, stehen naturgemäß die schlagenden Argumente im Vordergrund. Geht es darum, die Zuhörerschaft auf den neuesten technischen Stand zu bringen, kann man den Teil, der bei „Adam und Eva“ anfängt, weglassen und sich auf die Entwicklung der letzten Zeit und auf die Innovationen beschränken.

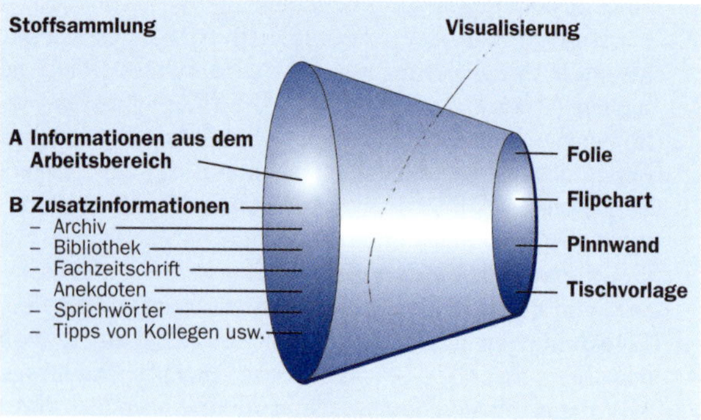

Von der Stoffsammlung zur Visualisierung

Gewichten der Informationen

Je nach Zielgruppe geht es, wie schon angesprochen, um Überzeugungsarbeit, Präsentation von etwas Neuem, Verschaffen eines Überblicks, Würdigung einer Leistung oder Darstellung des Ergebnisses langer Arbeit. Die Informationen sind nun so zu gewichten, dass zwar ein rundes Bild bei der Präsentation entsteht, das Ziel aber besonders hervorgehoben wird. Notwendige Hintergrundinformationen sind dabei ebenso zu berücksichtigen wie aktuelle Schlagzeilen.

Einteilung der Informationen/Präsentationsstrategie

Eine Möglichkeit ist der Aufbau vom Allgemeinen hin zum Speziellen. Man spricht zum Beispiel zuerst allgemein von den Auswirkungen der Änderung des Produkthaftungsgesetzes auf die Unternehmen und kommt dann auf die Folgen für die eigene Abteilung zu sprechen.

Eine weitere Möglichkeit ist das Vorarbeiten von den Auswirkungen zu den Ursachen. Bezogen auf das Thema Personalentwicklung könnte man z. B. den Mangel an Führungskräftenachwuchs zurückführen auf eine unzureichende Ausbildung, keine Förderung von Mitarbeitern durch Aufzeigen von Aufstiegsmöglichkeiten und das fehlende Angebot von sozialen Leistungen.

Man kann auch mit Problemen anfangen und zu Lösungen überleiten. Kunden beschweren sich beispielsweise über die Service- und Reparaturabteilung (nicht durchgehend jemand erreichbar, Reparaturen dauern oft wochenlang). Vorgestellt wird als Lösung, Gleitzeit anzubieten, und den Einsatz von Subunternehmen für Reparaturarbeiten (Outsourcing).

Will man sein Publikum aufrütteln und veranlassen, aktiv zu werden, kann man mit einer positiven Schilderung beginnen und sich dann den unangenehmen Dingen zuwenden. In einem Unternehmen sollen z. B. die Betriebsferien abgeschafft werden und die komplette Umstellung auf EDV erfolgen. Man schildert zuerst die angenehmen Seiten der gemeinsamen Ferien und die reibungslos funktionierenden Arbeitsabläufe. Dann erwähnt man die Arbeitsweise und die Produktionsmenge der Konkurrenz und die Möglichkeiten der EDV. Das Publikum soll dazu veranlasst werden, von sich aus darüber nachzudenken, welche Folgen es hat, auf der Stelle zu treten und neue Entwicklungen nicht zu akzeptieren.

Tischvorlage und Handout

Eine Tischvorlage hat der/die Zuhörer/in während der Präsentation vor sich. Ein Handout kann den Zweck einer Tischvorlage erfüllen oder aber auch erst nach der Präsentation verteilt werden, um eine Zusammenfassung oder zusätzliche Informationen mit nach Hause zu geben. Beide Möglichkeiten haben ihre Vor- und Nachteile. Grundsätzlich wird jeder Zuhörer zuerst einmal in der Tischvorlage blättern, sodass sich der/die Präsentierende darauf einstellen muss und nicht sogleich mit seinem/ihrem Vortrag beginnt. Es ist auch etwas schwierig zu erreichen, dass die Teilnehmer zur gleichen Zeit die richtige Seite in der Tischvorlage betrachten. Man kann damit

- wichtige Punkte hervorheben,
- Zusatzinformationen bieten,
- Hintergrundwissen vermitteln und
- Analysen zur genaueren Betrachtung beilegen.

Im Handout wirkt die Präsentation nach. Die Inhalte müssen so gestaltet sein, dass Teilnehmer auch noch Wochen nach der Präsentation etwas damit anfangen können.

Was für die gesamte Präsentation gilt, trifft auch auf das Handout zu: Die bloßen Fakten sollten visualisiert werden – als Grafik, mit Symbolen, als Tabelle, in der Gegenüberstellung. Darauf wird gleich in Abschnitt 3.4 näher eingegangen.

Stichwort-Manuskript

Ein Stichwort-Manuskript verleiht Sicherheit, bietet den roten Faden und entlastet den Präsentierenden. Im Idealfall sind die Stichworte überflüssig. Trotzdem sollte das Manuskript gut lesbar auf dem Tisch liegen. Da jeder Mensch ein anderes System hat, sich Stichpunkte zu machen, sollen hier nur die beiden grundsätzlichen Möglichkeiten genannt werden:

- Ausformuliert: Bei der Verwendung von DIN-A4-Seiten können diese die komplett ausformulierte Präsentation enthalten. Das verleitet jedoch zum Ablesen, und das Publikum verliert mit der Zeit die Aufmerksamkeit.

- Stichwortartig: Sowohl auf DIN-A4-Seiten als auch auf Karten im DIN-A5-Format kann man sich eine übersichtliche Strukturierung mit
  - Zeitangaben,
  - Stichworten,
  - Beispielen und
  - Visualisierungsmöglichkeiten

  machen.

3.4 Gestaltung der Unterlagen und Visualisierung

Auf den Unterlagen, die zur Präsenation eingesetzt werden, können mithilfe der Visualisierung Aussagen anschaulich und verständlich dargestellt werden. Zusammenhänge werden klar und Kernaussagen treten hervor. Komplexe Zusammenhänge werden auf einen Blick erkennbar. Der Aufwand, um etwas zu erklären, wird deutlich geringer. Bilder bleiben im Gedächtnis besser haften als Worte. Außerdem wird das Interesse der Zuhörenden durch die Visualisierung geweckt. All das gilt unabhängig vom Medium, d.h., es trifft auf die Beschriftung von Pinnwänden oder Flipcharts, die klassische Overheadfolie/Tageslichtfolie und auf Charts von Computerpräsentationsprogrammen, die mithilfe eines Beamers projeziert werden, gleichermaßen zu.

Alle Teilnehmer müssen die eingesetzten Materialien gut sehen und die Texte ohne Probleme lesen können.

Das ist eigentlich selbstverständlich, aber gerade dagegen wird in der Praxis immer wieder verstoßen. Der Nachfrage, ob alle alles lesen können, folgt die halbherzige Verneinung und dann geben Raum, Technik etc.nicht Besseres her, jedenfalls kann man die Verhältnisse während der Präsentation nicht mehr ändern. Es muss dann „eben doch so" gehen. Vermeiden Sie das, kümmern Sie sich im Vorfeld um die Lesbarkeit von allem.
Der/die Präsentierende sollte dem Publikum Zeit zum Betrachten geben. Es ist von Vorteil, wenn eine innere Ordnung er-

kennbar ist und verbale Aussagen mit bildhaften Darstellungen verknüpft werden. Sobald Medien nicht mehr benötigt werden, sollten diese ausgeschaltet bzw. entfernt werden. Übersicht kann man schaffen durch die Verwendung von Farben, durch die Anordnung und durch Gestaltung von Symbolen oder Text.

Beispiele für unterschiedliche Anordnungen und die Verwendung von Symbolen:

Anordnung: In der Skizze unten wird die Hierarchie betont. In der Skizze auf der rechten Seite oben sind die Kosten „rundum" zu verteilen.

Symbole: Sie dienen entweder der Differenzierung, Vergleichbares erhält gleiche Symbole (z.B. Hierarchiestufen), oder Symbole drücken etwas aus, wie die „Smileys" bei den Vor- und Nachteilen in der Skizze rechts unten.

Farben: Sie dienen der Differenzierung und bieten Signale, zum Beispiel lassen sich in der Skizze rechts unten die Vorteile grün und die Nachteile rot gestalten.

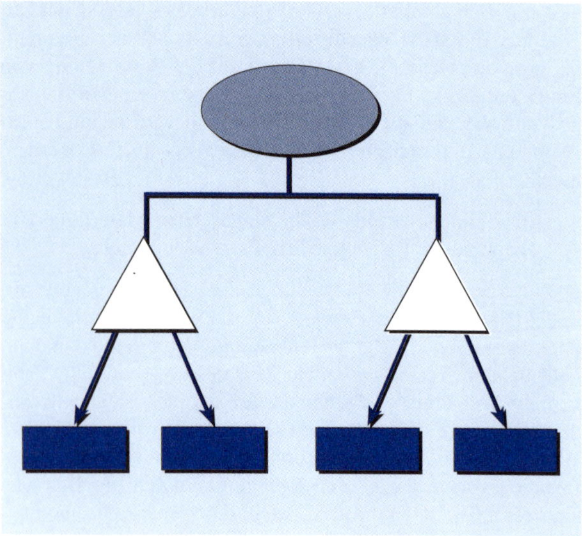

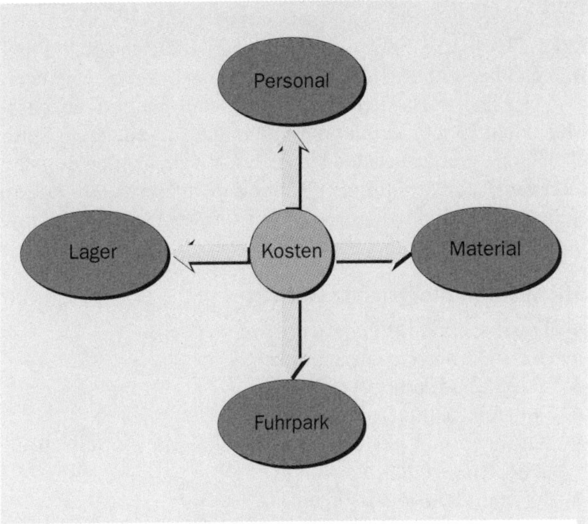
Personal
Lager
Kosten
Material
Fuhrpark

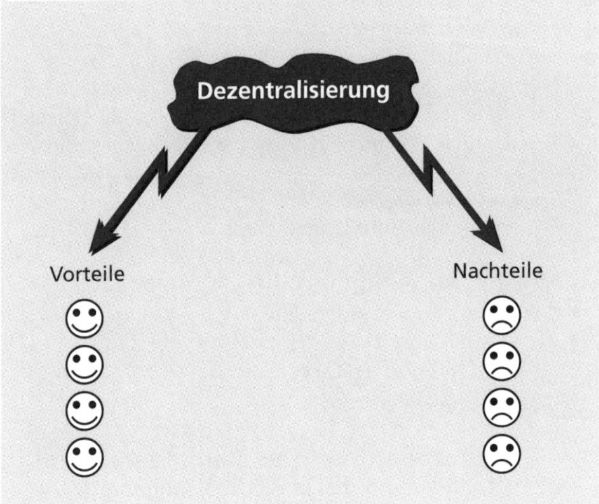
Dezentralisierung
Vorteile
Nachteile

Text

Jeder Chart, jede Folie, jedes Flipchart-Blatt und jede Pinnwand sollte grundsätzlich mit einer Überschrift versehen werden. Der Titel muss interessant klingen und neugierig machen. Manchmal bietet sich hier die Verbindung zu aktuellen Sprüchen an.Es gibt natürlich noch andere Möglichkeiten der interessanten Titelgestaltung, z. B. mit Zahlen zu spielen, Fragen stellen, das Wörtchen „wie“ verwenden oder bekannte Formulierungen zitieren.

Stichpunkte zum Einsatz vonText

- Druckschrift statt Handschrift verwenden,
- von links nach rechts anordnen,
- Groß- und Kleinbuchstaben benutzen,
- kurze Sätze bilden,
- auf jeden Fall mit Überschriften und mit Zwischenüberschriften arbeiten,
- für optische Blöcke sorgen,
- nur Wesentliches nennen,
- Farben verwenden und den
- Text eventuell durch Skizzen erläutern.

Die Schriftgröße muss je nach Medium gestaltet werden. Auch die Größe der Gruppe spielt eine Rolle. Folgende Beispiele machen deutlich, warum man obige Tipps befolgen sollte:

Schreibschrift ist viel schwerer
zu lesen als schlichte Druckschrift

NICHT IN GROSSBUCHSTABEN SCHREIBEN
das wirkt zu unübersichtlich

weder zu groß
noch zu klein schreiben

B u c h s t a b e n   n i c h t   a u s e i n a n d e r z i e h e n
sondern normal in Blöcken schreiben

Symbole

Symbole heben bestimmte Punkte hervor oder verdeutlichen sie. Mitteilungen können durch standardisierte Symbole abgekürzt werden, da sie jedem bekannt sind. Auch der Einsatz von nicht standardisierten Symbolen ist möglich, bedarf aber einer Erklärung.

Beispiele für standarisierte bzw. selbst erklärende Symbole

Beispiele für nicht standardisierte Sysmbole

Grafik

Unter Grafik können alle zeichnerischen Elemente gefasst werden, die der Auflockerung, Illustration oder Symbolisierung dienen. Relativ klar ist die Abgrenzung gegen Diagramme, mit denen Sachaussagen und insbesondere Zahlen als Bilder dargestellt werden. Verwirrend ist lediglich, dass man hier auch von Geschäftsgrafik spricht.
Zu den einfachen Formen der freien Grafik zählen Ovale, Kreise, Rechtecke, Streifen, Wolken, Linien, Punkte, Muster, Umrahmungen, Pfeile usw. Einige dieser Elemente findet man in jedem Moderationskoffer. Sie werden zur Strukturierung und Auflockerung in den Text eingefügt, der dadurch aufgewertet wird und das Thema auf einen Blick verständlich darstellt.
Illustrationsgrafiken dienen der bildlichen Darstellung von Informationen, der Verdeutlichung von Sachverhalten und der Ergänzung von Texten. Sinnbilder, z. B. Symbole, Piktogramme oder Icons werden zur Kennzeichnung verwendet und zur Erregung von Aufmerksamkeit. Auch Grafikelemente wie die abstrakte Darstellung eines Telefons oder eines Bleistifts oder Kleingrafiken, wie z. B. eine Sonne oder eine Regenwolke, werden bei Illustrationsgrafiken verwendet.
Auf der folgenden Seite ist das Beispiel einer Grafik mit kombinierten Elementen abgedruckt.

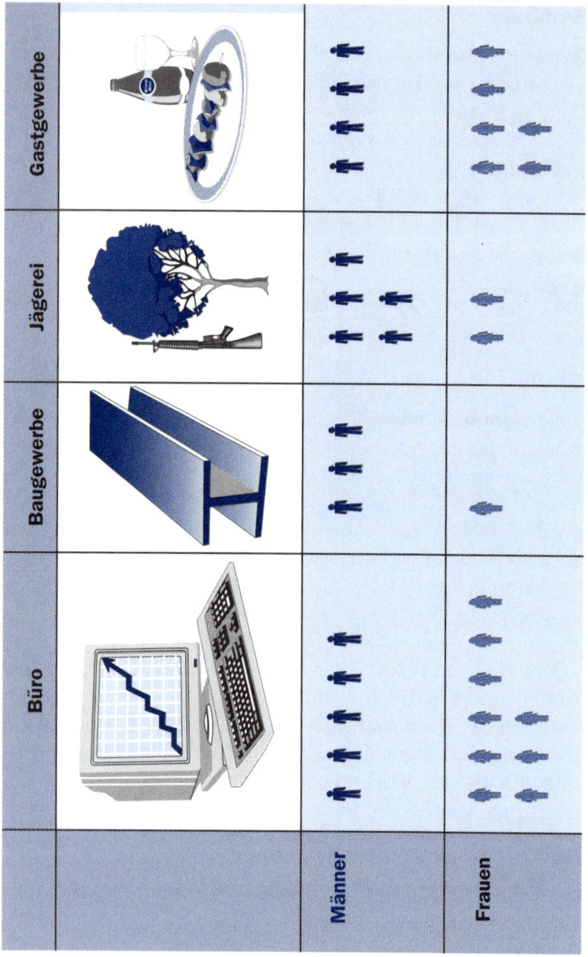

Beispiel einer Folie/eines Charts mit kombinierten Elementen, zu ergänzen wären vor dem Einsatz natürlich noch Gültigkeitsbereich/Region, Zeit etc.

Diagramme

Beim Einsatz von Diagrammen wird sowohl die linke als auch die rechte Gehirnhälfte aktiviert, d. h., das Verständnis und die Merkfähigkeit werden dadurch größer.

> Mithilfe von Diagrammen werden Zahlen als Bilder dargestellt, um die Einprägsamkeit zu erleichtern. Sachliche und überzeugende Information ist möglich, ohne mit langen Zahlenreihen arbeiten zu müssen.

Je nach Wahl des Diagramms kann man Zeiträume und Trends aufzeigen ebenso wie Kontraste, Anteile eines Ganzen, Bezüge oder Häufigkeitsaussagen. Die Frage, welche Diagrammarten es gibt, was sich wofür eignet und wie man mit Statistik eben nicht lügt, ist ein schier unerschöpfliches Thema. Erste Hilfe finden Sie auf der folgenden Magazinseite.

Blattaufteilung

Der Informationsträger sollte zunächst als Hilfe in ein grobes Gitter aufgeteilt werden. Dies geschieht am besten mit dünnen Bleistiftlinien oder am PC mit der eingeschalteten Rasterung.

> Es ist darauf zu achten, die Darstellung nicht mit einer Vielzahl von Informationen zu überladen.

Der zur Verfügung stehende Raum sollte möglichst gleichmäßig ausgelastet werden.

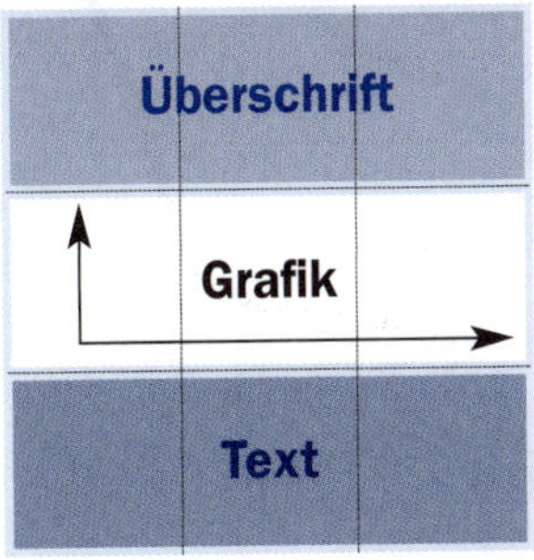

Blattaufteilung

Erste Hilfe für die Verwendung von Diagrammen

Ein Kurvendiagramm wird verwendet:...

- zur Veranschaulichung von Zahlen,
- zur Darstellung von Abhängigkeiten zwischen Größen
- zum Aufzeigen von Entwicklungsverläufen und Zusammenhängen und
- als vergleichende Darstellung.

Abszisse (waagerecht) = unabhängige Größe und
Ordinate (senkrecht) = abhängige Größe
Notwendig sind Überschrift/Untertitel und sinnvolle Gestaltung durch Farbe oder Schraffur bei mehreren Kurven.

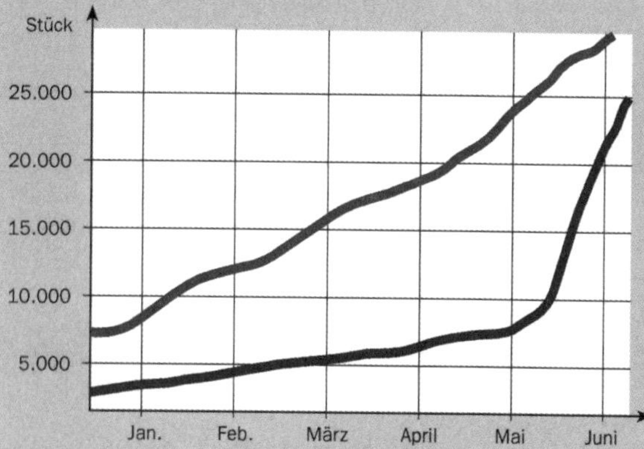

Verkauf im 1. Halbjahr 2002

Säulen- und Balkendiagramme...

dienen zum Vergleich von Rangfolgen oder von Zeitreihen. Gegenübergestellt werden können zwei oder mehrere Größen. Sehr anschaulich visualisieren lassen sich eine Momentaufnahme oder die Gegenüberstellung von Größen oder Werten. Bei der Gestaltung ist auf sorgfältige Achseneinteilung und geeignete Strichstärke zu achten.

Die Zahlen können als

- Absolutzahlen,
- Prozentwerte oder
- Bezugswerte

angegeben werden. Werte können direkt eingegeben oder aus der Achseneinteilung abgelesen werden.

Es ist auch eine Plus-Minus- oder eine zwei- und dreidimensionale Darstellung möglich.

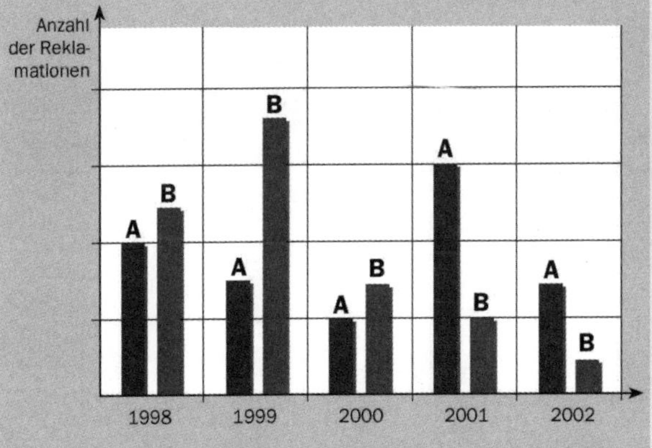

Kundenreklamation bei Produkt A und B

Kreis-/Tortendiagramme…

dienen zur Darstellung von Größenverhältnissen, im Gesamtüberblick dargestellt. oder zur Aufgliederung einer Gesamtheit in ihre Anteile. Es wird keine Entwicklung aufgezeigt, sondern nur der momentane Stand.

Organigramm/Aufbaudiagramm

Mit (nicht) genormten Symbolen (Rechtecke, Quadrate, Kreise, Linien und Pfeile) werden Strukturen und Abhängigkeiten verdeutlicht und Hierarchien abgebildet. Durch Linien werden die Beziehungen hergestellt.

Flussdiagramm

Ein Prozess, ein Ablauf oder Verhaltensregeln werden mit Symbolen dargestellt, die sich aus der DIN 66 001 ergeben. Der Ablauf wird als Ganzes abgebildet und der optimale Weg dargestellt. Mögliche Störgrößen werden sichtbar und können analysiert werden. Eine Sondernform ist der Netzplan.

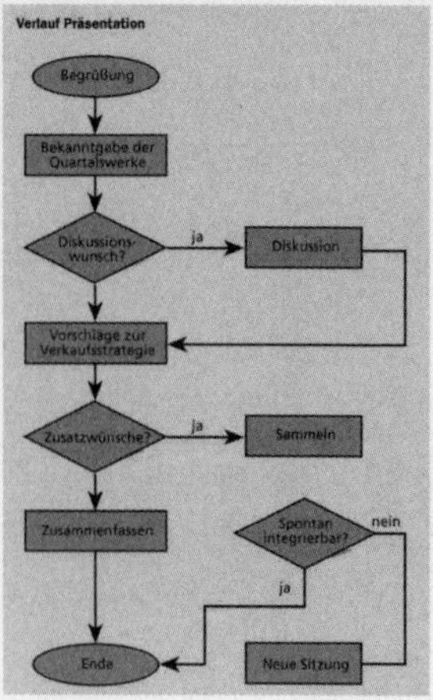

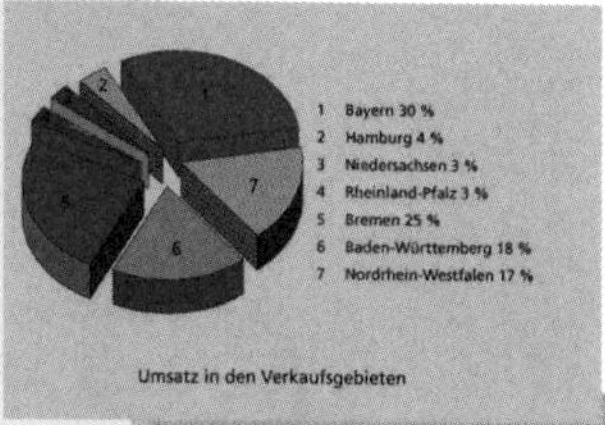

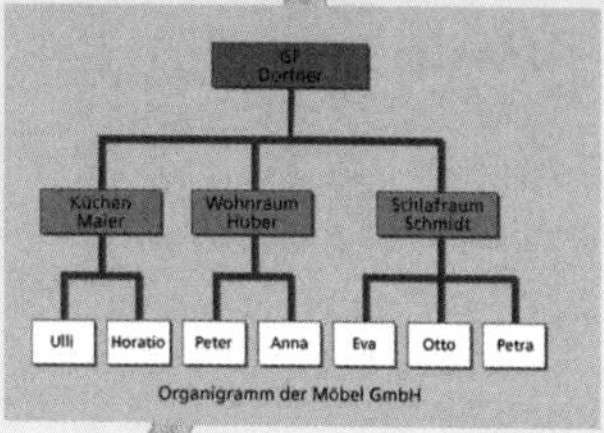

Anordnung der Gestaltungselemente und Symbole

Dazu gibt es einige Grundmuster, an die man sich halten sollte, vor allem

- Dynamik, Rhythmus, Reihung und Symmetrie und auch
- Betonung, Ballung oder Streuung

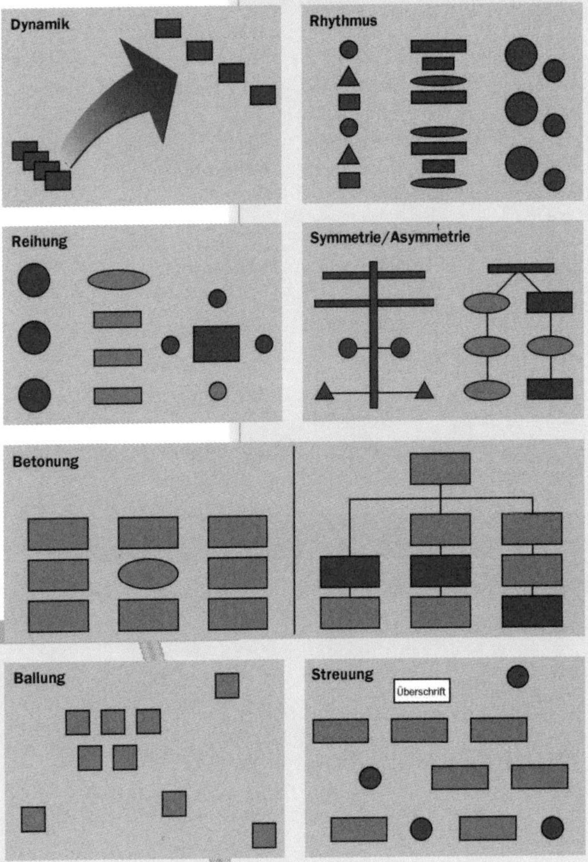

Formen und Farben

Durch die Kombination von Farben und Formen kann Wichtiges hervorgehoben und es können Zusammenhänge verdeutlicht werden.

Auch lassen sich aufeinander folgende Darstellungen durch gleiche Farben und gleiche Formen miteinander verbinden. Um Farben richtig einzusetzen, sollte man wissen, wie sie auf den Leser wirken. Dabei wird zwischen Farbempfindung und Farbwirkung unterschieden. Um die Farbempfindung kümmert sich die Farbpsychologie, nach gängigen Lehrmeinungen werden die Farben mit folgenden Eigenschaften verbunden:

Gelb:	kommunikativ, kreativ, Bewegung, leicht
Orange:	gesellig, Partizipation, Macht und Wissen
Rot:	Leidenschaft, aktivierend, Spannung, dynamisch
Blau:	Konzentration, seriös, Wahrheit, kalt
Grün:	Gleichgewicht, neutral, beruhigend, Sicherung
Weiß:	Schlichtheit, Klarheit, neu

Die optische Farbwirkung ist zu beachten und kann gezielt eingesetzt werden. Gängige Signalwirkungen von Farbe sollten dabei mit beachtet werden (Rot = Gefahr, Gelb = Achtung, Grün = Sicherheit, Blau = Hinweis, Weiß = Führung). Farben sollen immer verdeutlichen, aber nicht als Ausschmückung dienen.

Zusammenfassende Checkliste Gestaltung

- Texte: Überschriften, Beschriftungen, kurze Sätze, Stichworte, verständliche Ausdrücke, Rechtschreibung
- Überschriften: klare Bezeichnung, Schlagwort
- Farben: max. drei Farben sowie schwarz und weiß; helle Farben sind zu schlecht erkennbar; Schrift sollte schwarz oder dunkel sein; einheitlicher Farbeneinsatz
- Schrift: Größe und Schriftart sinnvoll wählen
- Layout: Einheitlichkeit (z. B. Firmenlogo); das Wichtigste in der Mitte; bekannte Symbole; Übersichtlichkeit

3.5 Durchführung der Präsentation

Nachdem Sie Material gesammelt, strukturiert und vorbereitend umgesetzt haben, kommt es nun im Rahmen der eigentlichen Durchführung Ihrer Präsentation darauf an, dass Sie Ihre Vorbereitungen bestmöglichst in die Tat umsetzen. Hierbei hängt der Erfolg entscheidend von Ihnen als Präsentator/in ab, das heißt, von Ihrer Fähigkeit, die Zuhörer sowohl sachlich zu überzeugen als auch durch Ihre persönliche Kompetenz für sich einzunehmen.

Die Durchführung einer Präsentation gliedert sich in aller Regel in drei aktive Abschnitte:
- Eröffnung (knapp)
- Hauptteil = Hauptphase und
- Abschluss (knapp, etwas länger als die Eröffung).

Ein vierter, eher passiver Teil, nämlich die Nachbereitung Ihrer Präsentation, dient Ihnen persönlich zur Reflexion Ihrer Veranstaltung, um aus Fehlern zu lernen oder besonders Gelungenes für die nochmalige Verwendung noch effektiver zu gestalten.

Eröffnungphase

Die Eröffungsphase ist ausgesprochen wichtig, denn es entscheidet sich innerhalb weniger Minuten, ob es Ihnen gelingt , die Aufmerksamkeit Ihrer Zuhörer/innen zu gewinnen und zu behalten. Auch ist es die Phase, in der Sie Ihr Publikum aktivieren können.
Am Anfang steht die Vorstellung Ihrer Person – entweder stellen Sie sich selbst vor oder es ist vorgesehen, dass Sie durch einen einleitenden Sprecher den Zuhörern vorgestellt werden. Hier sollten Sie in jedem Fall versuchen herauszufinden, wer Sie einführen wird, und dem Betreffenden nach Ihrer Vorstellung kurz für seine Bemühungen danken.
Mit dieser persönlichen Vorstellung arbeiten Sie bereits auf Gleichklang hin, dazu müssen Sie neben Ihrem Namen, Ihrem

Alter und ggf. dem Wohnort zumindest kurze Aussagen über Ihre berufliche Situation, Ihre Tätigkeit, Ihren Werdegang und am besten auch einige private Interessen machen. Ihre Zuhörer müssen erfahren, wen sie als Person vor sich haben. Trotz der Wichtigkeit gelten zwei Minuten als Obergrenze für die Einleitung zur eigenen Person.

> In fachlicher Hinsicht muss es Ziel der Einleitung sein, bereits zu Beginn des Vortrages oder der Präsentation einen potenziellen Ausstieg mancher Zuhörer zu unterbinden.

Dies gelingt Ihnen als Referent aber nur, indem Sie die natürliche persönliche Distanz zwischen sich und dem Gegenüber durchbrechen und die Zuhörer/innen für Ihre später zu äußernden Thesen, Fakten und Ideen sensibilisieren und Neugierde wecken. Als geeignete Einstiegsmittel gelten, je nach Intention und Inhalt des Vortrags oder der Präsentation:

- die bewusste Provokation,
- das unvermittelte Eindringen in das Thema,
- die Bezugnahme auf ein aktuelles Ereignis,
- die unterbewusste Anregung der Zuhörer zum Mitdenken,
- die Verknüpfung mit einem möglichen Erfahrungshintergrund der Teilnehmer.

Hauptteil

Der Hauptteil umfasst die inhaltlichen Ausführungen. In der Einleitung sind dramaturgische Effekte gestattet, im Hauptteil steht die ansprechende Vermittlung der Inhalte im Vordergrund.

> Es kommt hier auf die eigentliche Überzeugungsarbeit an, Sie legen Sachverhalte dar und berichten und/oder liefern Begründungen für dargebotene Theorien und Argumente.

Dabei können die Zuhörer/innen Ihnen umso eher folgen, je kürzer und prägnanter Sie formulieren. Zum Thema verständliches Sprechen finden Sie eine Magazinseite mit Tipps auf S. 64/65.

Gliedern Sie Ihre Abfolge in einem Spannungsbogen, um das Interesse Ihrer Zuhörer wach zu halten.

Wer seine inhaltlichen Überlegungen ungeordnet aneinanderreiht, wird in aller Regel nicht bei seinem gewünschten Ergebnis ankommen.
Präsentieren Sie daher zunächst Ihre These, die Sie gegebenenfalls durch eine Schilderung des Status quo abrunden können. Ihre These stellt in diesem Augenblick gewissermaßen einen Vorgriff auf die Zukunft dar. Lassen Sie anschließend eine aussagekräftige Begründung für Ihre These oder Ihre Erkenntnis folgen.

Denken Sie dabei stets daran, dass Ihre Ausführungen aus der Sicht des Gegenübers überzeugend sein müssen – nicht aus Ihrer!

Entgegen der alten Schulweisheit, nach der sich eine gute Gliederung geradlinig zu immer stärker werdenden Argumenten entwickelt, gilt für den rhetorischen Aufbau eines Vortrags oder einer Präsentation:

Immer bereits mit einem starken Argument beginnen, schwächere Argumente für den weniger beachteten Mittelteil aufsparen. Dann, zum Schluss, die überzeugendsten, wichtigsten Argumente auf den Tisch legen.

Denn besonders zum Schluss gilt es auch noch die letzten Zweifler von der Richtigkeit Ihrer These zu überzeugen.
Beim Aufbau Ihrer Argumentationskette sollten Sie sich auf wenige unverzichtbare Argumente beschränken. Die Zuhörer sind nur zur Aufnahme einer begrenzten Anzahl von nacheinander folgenden Gedankengängen fähig. Durch die Nennung unzähliger Argumente, wichtiger und weniger wichtiger, graben Sie sich sonst im Laufe der Zeit selbst das Wasser ab. Weitere Argumente können Sie auch für die Diskussion aufsparen.
Natürlich müssen Sie mit Einwendungen der Teilnehmer/innen rechnen. Darauf gehen wir getrennt in Abschnitt 3.9 ein.

Verständlich sprechen

Dass ein Text oder ein Vortrag für die Leser/innen bzw. Zuhörer/innen verständlich gestaltet sein soll, ist eigentlich selbstverständlich. Dennoch gibt es zahlreiche Vorträge, die „ungenießbar“ sind.

„Ungenießbar“ – mit diesem Begriff ist ein Bild verbunden, das ist schon kleines Beispiel dafür, wie sich verständlich formulieren lässt. Es mag mehrere Gründe geben, warum wir Unverständliches, Ungenießbares antreffen:

- Fehlendes Problembewusstsein bei Vortragenden – dagegen hilft Sensibilisierung,
- falsche Selbsteinschätzung – dagegen hilft, die Vorträge vor Kollegen, Freunden, Verwandten Probe zu halten,
- absichtliche Schwerverständlichkeit (aus Arroganz oder als Taktik) – darauf können wir im Rahmen dieses Buches nicht näher eingehen und
- noch nicht hinreichende Kompetenz des Vortragenden – dagegen hilft, seine Vortragsfähigkeiten zu verbessern, und darauf beziehen sich die folgenden Tipps.

Weit bekannt sind die vier Verständlichmacher, die von den bekannten Psychologen Langer, Schulz von Thun und Tausch („Sich verständlich ausdrücken“, München 1987) aufgezeigt worden sind:

1. **Einfachheit**
   - kurze, einfache Sätze
   - geläufige Wörter
   - schwierige Wörter und Fremdwörter erklären
   - Sachverhalte konkret und anschaulich darstellen

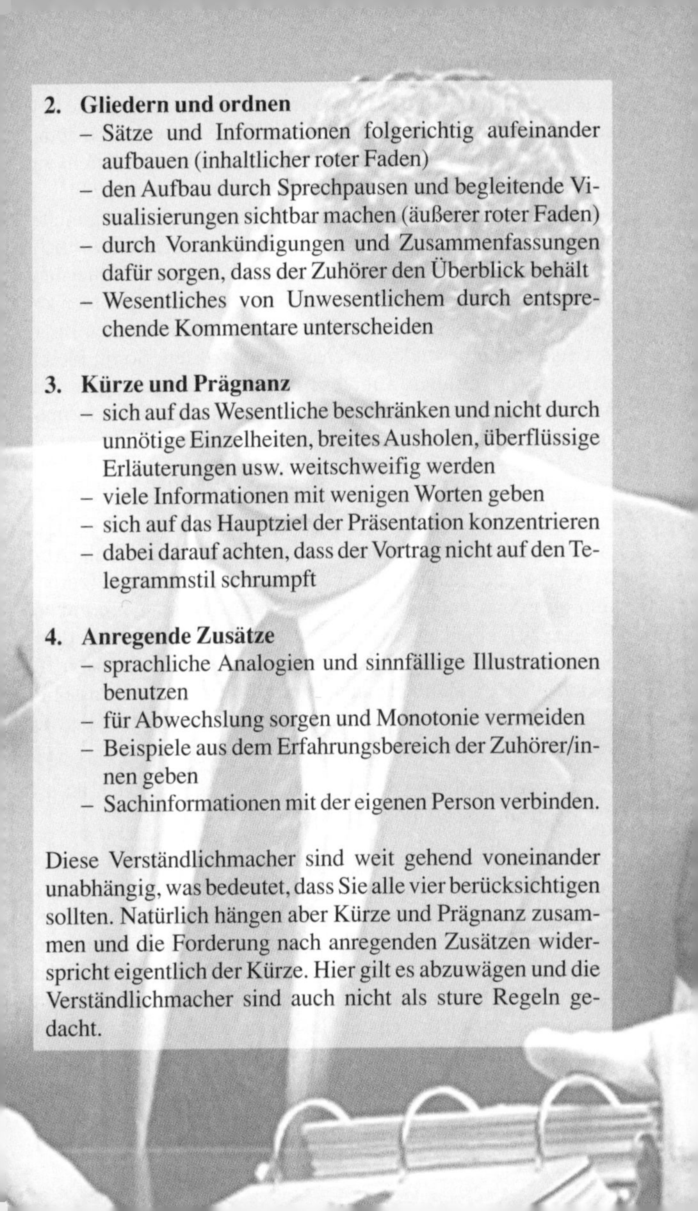

2. **Gliedern und ordnen**
   - Sätze und Informationen folgerichtig aufeinander aufbauen (inhaltlicher roter Faden)
   - den Aufbau durch Sprechpausen und begleitende Visualisierungen sichtbar machen (äußerer roter Faden)
   - durch Vorankündigungen und Zusammenfassungen dafür sorgen, dass der Zuhörer den Überblick behält
   - Wesentliches von Unwesentlichem durch entsprechende Kommentare unterscheiden

3. **Kürze und Prägnanz**
   - sich auf das Wesentliche beschränken und nicht durch unnötige Einzelheiten, breites Ausholen, überflüssige Erläuterungen usw. weitschweifig werden
   - viele Informationen mit wenigen Worten geben
   - sich auf das Hauptziel der Präsentation konzentrieren
   - dabei darauf achten, dass der Vortrag nicht auf den Telegrammstil schrumpft

4. **Anregende Zusätze**
   - sprachliche Analogien und sinnfällige Illustrationen benutzen
   - für Abwechslung sorgen und Monotonie vermeiden
   - Beispiele aus dem Erfahrungsbereich der Zuhörer/innen geben
   - Sachinformationen mit der eigenen Person verbinden.

Diese Verständlichmacher sind weit gehend voneinander unabhängig, was bedeutet, dass Sie alle vier berücksichtigen sollten. Natürlich hängen aber Kürze und Prägnanz zusammen und die Forderung nach anregenden Zusätzen widerspricht eigentlich der Kürze. Hier gilt es abzuwägen und die Verständlichmacher sind auch nicht als sture Regeln gedacht.

Abschlussphase

Wie der Einstieg in die Präsentation, so wird auch das Ende besonders stark bewertet. Inhaltlich sollte es so gehalten sein, dass es neugierig auf mehr macht, und es gehört vielleicht zu Ihren Zielen, dass sich eine Teilnehmeraktivität anschließt. Sofern es Ihnen nicht gelungen ist, durchgängig auf die gleiche Wellenlänge zu kommen, und Zuhörer/innen zwischenzeitlich aus Ihrem Vortrag „ausgestiegen“ waren, wachen die meisten davon nach Ihrer Ankündigung, nun zum Schluss kommen zu wollen, wieder auf. Sie lauschen in den letzten Minuten Ihrer Ausführungen besonders intensiv Ihren Worten. Somit bleibt der Schluss bei allen Zuhörern in langer Erinnerung, wozu auch beiträgt, dass er nicht mehr von nachfolgenden Informationen überdeckt wird.

> Ein überzeugender Schlusspunkt kann daher oftmals die Wirkung einer ganzen Rede verstärken.

Allerdings sollten Sie nicht versuchen, durch eine zu frühe Ankündigung des nahenden Schlussteils Ihre Zuhörer aufzurütteln, um dann doch noch allzu lange an Detailausführungen hängen zu bleiben. Das würde natürlich nicht dazu passen, dass Sie Gleichklang anstreben, noch funktioniert es als Kunstgriff. Es motiviert die Zuhörer/innen kurzzeitig, aber sobald diese Ihre Absicht durchschaut haben, können Sie sicher sein, dass Sie Verärgerung auslösen.

> Die Ankündigung des nahenden Schlusses an sich ist jedoch äußerst wichtig.

Nicht selten werden die Zuhörer sonst vom (vermeintlich) abrupten Ende Ihres Vortrages oder der Präsentation überrascht – und Ihre zentrale Schlussaussage ist untergegangen. Ein erfahrener Redner kündigt daher sein Vortragsende genau dann an, wenn er zur wesentlichen Zusammenfassung des Gesagten kommen will, also wenige Minuten vor Präsentationsende. So können Sie sich kurz vor Schluss noch einmal der geballten Aufmerksamkeit aller Zuhörer sicher sein.

Wie Sie einen nachhaltigen Schlusspunkt setzen

- Fassen Sie zum Schluss die wesentlichen Punkte Ihrer Ausführungen nochmals zusammen – aber kurz !
- Bringen Sie jetzt eventuell einen Appell, falls Sie die Teilnehmer zu einem konkreten Tun auffordern wollen.
- Vermeiden Sie nichts sagende Schlussformeln wie „Ich bin am Ende, das war's."
- Formulieren Sie als Abschluss einen persönlichen Dank für die Teilnahme.
- Bei einer abschließenden Diskussion legen Sie vorher Zielsetzung und Zeitrahmen fest und übergeben das Wort gegebenenfalls an den Diskussionsleiter.

Die Nachbereitung

Für die Teilnehmer endet die Präsentation zunächst mit dem Verlassen des Seminarraumes – für Sie jedoch nicht!

> Für den Erfolg nachfolgender Präsentationen ist es erforderlich, dass Sie sich nun nochmals die Zeit für eine Nachbearbeitung, eine Reflexion Ihrer Veranstaltung, nehmen.

Sie haben jetzt die Chance, aus Ihren konkreten Erlebnissen zu lernen, Ihre Präsentationstechnik und Ihr Präsentations- und Vortragsverhalten einschließlich Ihrer persönlichen Kompetenz zu verbessern. Lassen Sie daher die gesamte Präsentation, das heißt, die Eröffnung, den Hauptteil und den Schluss, etwaig aufgetretene Störungen, das Verhalten der Teilnehmer sowie den Einsatz der Medien, nochmals vor Ihrem geistigen Auge vorbeiziehen und notieren Sie sich die besonders guten und die schlechten Momente. Darauf aufbauend können Sie dann überlegen, was zukünftig verbessert oder sogar noch weiter perfektioniert werden kann.

Fragen, die helfen, Ihre Nachbereitung zu strukturieren

- Haben Sie Ihr Ziel erreicht ?
- Hat Ihre Teilnehmeranalyse die Interessenlage Ihrer Zuhörer getroffen?

- Haben Sie sich hinreichend in die Interessenlage der Teilnehmer/innen einfühlen können?
- Hat sich der Ablauf bewährt ?
- Ist die Eröffnungsphase gelungen (zu lang oder zu kurz) ?
- Konnten Sie alle Zuhörer während des Hauptteils aktivieren?
- Gab es kritische Situationen, fachliche Schwächen oder technische Pannen?
- Welche Schlüsse können Sie aus den Zuhörerreaktionen im Schlussteil ziehen? Kam es zu kritischen Fragen oder negativen Bemerkungen?
- Wie beurteilen Sie die äußere Organisation, Raumplanung, Zeitmanagement, Verpflegung, etc.?

3.6 Präsentationsmedien richtig nutzen

Untersuchungen über die Aufnahmefähigkeit und Merkfähigkeit von Informationen bringen die einzelnen Kanäle in die allgemein bekannte Reihenfolge

- Lesen,
- Hören,
- Sehen,
- Wiederholen und
- Anwenden.

Dafür sind auch Prozentwerte publiziert, aber darauf sollte man nicht allzu viel geben.

> Für die Präsentation lässt sich jedoch ableiten, dass eine Visualisierung der Effizienzsteigerung der Informationsvermittlung dient.

Allerdings spricht die wiedergegebene Liste klar dagegen, die übliche „Folienschlacht“ zu veranstalten, und das gilt erst recht, wenn es textlastige Folien sind, werden die Teilnehmer/innen damit doch gezwungen zu lesen, was ausgerechnet am unteren Ende der Skala rangiert und natürlich dem Vortragscharakter einer Präsentation nun gerade nicht gerecht wird.

Die meisten Medien sind eine Weiterentwicklung der Schultafel und das Anschreiben an die Tafel, verbunden mit dem Abschreiben, ist eigentlich zu Unrecht als Kreidedidaktik verschrien. Denn, wenn nach dem gesprochenen Wort das Wesentliche strukturiert notiert und dann von den Teilnehmer/innen von der Tafel aufgenommen wird, bewegen wir uns auf der Stufe des Sehens und Wiederholens, also schon ziemlich weit oben bei der Effizienz!

Diese Erkenntnis, verbunden mit dem Erfahrungswert der Nützlichkeit, steckt mit Sicherheit dahinter, dass bei der Präsentation (und erst recht bei Moderation) die tafelähnlichen Medien sehr beliebt und zum Teil unerlässlich sind. Insgesamt kommen vier Medien in Frage:

- Flipchart (und Whiteboard, was methodisch keinen großen Unterschied macht und deshalb nicht getrennt betrachtet wird),
- Pinnwand,
- Overhead-Projektor und
- PC mit LCD-Projektor oder Beamer.

Als grundsätzliche Regel für den Einsatz von Medien kann formuliert werden:

> Setzen Sie Medien gezielt ein, indem Sie die Informationen lesbar, nachvollziehbar, geordnet und logisch präsentieren. Das ist wichtiger als High-Tech-Animation oder multimediale Shows.

So eingesetzt, kann Medieneinsatz

- den Redeaufwand verkürzen,
- Informationen leichter erfassbar machen,
- Wesentliches verdeutlichen,
- die Aufmerksamkeit der Teilnehmer/innen konzentrieren,
- Gesagtes ergänzen,
- Orientierunghilfen geben und
- Behalten fördern.

Tipps zu den einzelnen Medien und deren Vor- und Nachteile finden Sie auf der folgenden Magazinseite.

Wichtigstes zu Medien

Flipchart

Haupteinsatz: Listen, einfache Skizzen, Veranschaulichung während des Gesprächs, Ergänzung zum Overhead-Projektor

Vorteile: wenig Platzbedarf, fast überall vorhanden, lässt sich auch gut bei Ad-hoc-Besprechungen hinzuziehen

Nachteile: es passt wenig auf die Seite, nur bis ca. 8 m Entfernung lesbar, Blickkontakt zu den Zuhörern beim Schreiben unterbrochen, Text nicht veränderbar

Tipps: groß schreiben, Dinge ausschreiben, Platz vorher planen, Farbe nutzen, erst schreiben und dann sprechen!

Pinnwand

Haupteinsatz: Darstellung komplexer Sachverhalte auf einen Blick, Entwicklung von Themen und Strukturen

Vorteile: flexibel (mit vorbereiteten und vor Ort geschriebenen Karten), groß – mehrere Pinnwände zusammenstellbar

Nachteile: hoher Materialaufwand, sperrig, nur bis ca. 20 Personen, Dokumenation schwierig (Foto)

Tipps: eigene Methodik, Sie sollten sich damit ausführlicher befasssen (s. a. Kap. 4).

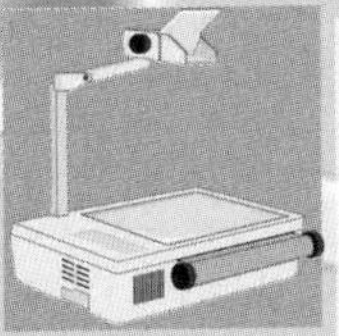

Overhead-Projektor

Haupteinsatz: Präsentation vorgefertigter und komplexer Unterlagen, auch Statistiken, Fotos, Abbildungen

Vorteile	jederzeit Blickkontakt nach vorn, Unterlagen gut transportierbar, Projektor fast überall verfügbar, gut zu vervielfältigen
Nachteile	vermindert als technisches Medium den Kontakt, vorgefertigte Folien werden leicht abgespult, Platz auf Folien oft gering
Tipps	Platz auf der Folie beachten, wenige Zeilen, groß schreiben; zeigen, worüber Sie sprechen; Ablauf des Zeigens planen

Projektion des PC-Screens

Haupteinsatz: wie Overhead-Projektor, lässt noch differenziertere Präsentationen zu (Animation, Audio, Video)

Vorteile	ebenfalls Blickkontakt nach vorn, alle auf PC verfügbaren Daten lassen sich integrieren (mehr Information, Effizienz)
Nachteile	ebenfalls unpersönliches Medium, nur gute und teure Geräte sind leistungsfähig, störanfällig, oft gewöhnungsbedürftig
Tipps	unbedingt vorher proben und mit der Technik vertraut machen!

3.7 Umgang mit Präsentationssoftware

Auch wenn in der vorstehenden Übersicht die Skepsis gegen die Projektion des PC-Bildschirms als Präsentationsmedium wegen der damit verbundenen „Entpersönlichung" nicht verhehlt wurde – das Medium ist auf dem Vormarsch und es hat auch große Vorteile.

Bleiben wir noch einen Moment bei den Nachteilen: PC-Technik kann immer versagen. Im Prinzip läuft es, im Detail fehlt ein Stecker, ein Plug-in in der Software... Der Beamer kennt nur gut und böse – entweder, es läuft ganz oder überhaupt nicht.

> Was Sie tun, wenn es überhaupt nicht läuft, das müssen Sie sich bei dieser Technik sehr gut im Vorhinein überlegen (Notprogramm).

Aber zu den Vorteilen:

- Alles, was Ihnen im Unternehmen an Information und Daten auf Rechnern zugänglich ist, kann bearbeitet und integriert werden – Statistiken, Auswertungen, Werbetexte, Dokumentationen, technische Unterlagen... Die Vielfalt der Möglichkeiten erhöht sich enorm.
- Die Erstellung der Folien kann rasch und effizient erfolgen und auch stark rationalisiert werden, vor allem, wenn Sie mehrere nicht ganz identische Präsentationen ausarbeiten.
- Sie können sehr aktuell arbeiten und während der Präsentation zum Beispiel ins Intranet oder Internet wechseln.

Vielleicht sollte noch angemerkt werden, dass Folien, die mit einer Präsentationssoftware erstellt weden, natürlich nicht daran gebunden sind, mit dem Beamer (oder über den LCD-Projektor) projeziert zu werden.

> PC-erstellte Folien lassen sich auch einfach auf ein für den (Laser-)Drucker geeignetes Folienmaterial ausdrucken und klassisch über den Overhead-Projektor nutzen.

Grundlegendes zu Microsoft Power Point

Die Grundidee dieses Programms ist genial primitiv – zu betonen sind dabei beide Adjektive. Eine Präsentation besteht aus einer Folienfolge, die in einer Datei zusammengefasst ist. Die Folge wird der Reihe nach durchgeführt. Da die Folien laufende Nummern besitzen, kann jede direkt angesteuert werden, sodass Sie bei der Vorführung bedarfsweise zurückblättern oder einen Block überspringen können.
Die Erzeugung einer passablen Präsentation wird durch einen Assistenten (Programmbestandteil) schrittweise angeleitet. Dabei werden vorbereitete Vorlagen verwendet, die zu einem einheitlichen Erscheinungsbild aller Folien führen. Der anfängliche Lernaufwand ist gering.
Auf einer Folie befinden sich meist nur zwei oder drei Informationselemente, außer der Überschrift beispielsweise eine Grafik und einige Schlagworte. Diese können beim Vortrag entweder alle zugleich angezeigt oder schrittweise (Punkt für Punkt) aufgedeckt werden.
Der Übergang von einer Folie zur anderen kann besonders interessant gestaltet (Überblenden) und auditiv untermalt werden.

Die wichtigsten Vokabeln

Beim Erzeugen einer Präsentation spielen besonders die folgenden Begriffe eine Rolle: Autolayout einer Einzelfolie, Präsentationslayout und Master. Kurz gesagt: Eine neue Folie erhält mit einem Autolayout eine Standardformatierung. Damit die gesamte Präsentation farblich einer einheitlichen Linie folgt, verwenden Sie ein Präsentationslayout. Der Master legt die einheitliche Schrift- und Absatzformatierung fest.

Ansichten

Bei der Erzeugung der Folien ist es zweckmäßig, zwischen den verschiedenen möglichen Ansichten zu wechseln. Sie sind über den Menüpunkt „Ansichten“ zu erreichen oder über Symbolknöpfe. Neben der Präsentationswiedergabe gibt es die folgenden Ansichten:

- Folienansicht: Sie zeigt jede Folie so getreu wie möglich, sodass sie in ihren einzelnen Informationselementen (Text, Bilder) verändert werden kann (Editierfunktion). Durch Zoomen kann die Betrachtungsgröße während der Arbeit verändert werden.
- Gliederungsansicht: Sie zeigt keine grafischen Gestaltungselemente, sondern nur die Texteinträge. Das schafft Übersicht und ist zum Überprüfen der Folienabfolge und dem Umsortieren gedacht.
- Foliensortierung: Sie zeigt in Kleinversion alle Folien und hier kann man durch Verschieben leicht umsortieren.
- Notizansicht: Das ist ein Bereich, in dem Sie sich Notizen machen können. Er ist druckbar, gehört aber nicht zu dem Teil, der präsentiert wird.

Die grafische Gestaltung der elektronisch erzeugten Folien unterliegt den gleichen Kriterien wie die klassische Form – alles, was in Abschnitt 3.4 gesagt wurde, bleibt gültig.

Natürlich bietet die Elektronik noch zusätzliche Features, schon erwähnt wurden die Folienübergänge sowie auditive Bestandteile, und auch Textanimationen gehören dazu. Das kann hier nicht vertieft werden – aber der grundlegende Tipp lautet: Nutzen Sie diese Features sparsam mit gesundem Augenmaß.

3.8 Körpersprache

In diesem Abschnitt (vgl. Th. Stelzer-Rothe, Vortragen und Präsentieren, Cornelsen 2000) werden folgende Fragen beantwortet:

- Was sollte ich wissen, wenn andere Körpersprache senden?
- Was sollte der Sender von Körpersprache wissen, wenn er kommuniziert?
- Was ist der so genannte sympathische Bereich?
- Sollten Sie sich bestimmte Gesten antrainieren?
- Wie viel Blickkontakt sollten Sie zum Publikum haben?
- Was sollten Sie zur Körperhaltung wissen?

Was sollten Sie wissen, wenn andere Körpersprache senden?

Für die Deutung von Körpersprache gibt es keine festen Regeln, aber es kann viel darin versteckt sein.

> Achten Sie also sehr genau auf die Körpersprache Ihres Gesprächspartners und versuchen Sie herauszufinden, was er Ihnen damit sagen will.

Wir kommen damit ein weiteres Mal auf das Thema Empathie und Rapport zurück (vgl. Abschnitt 2.4 und 2.5). Versuchen Sie, die Signale nicht isoliert zu betrachten, sondern aus der Situation heraus zu deuten. Nehmen Sie Körpersprache bei anderen wahr.
Versuchen Sie herauszufinden, ob Ihr Verhalten bestimmte Reaktionen ausgelöst haben könnte. Das ist nicht leicht, sondern äußerst schwer. Versuchen Sie es trotzdem.

> Sie können Körpersprache zum Anlass nehmen, nachzufragen oder zu hinterfragen, um Prozesse aufzuhellen oder zu klären.

Obwohl der Empfänger von Körpersprache bei der Interpretation der Signale sehr vorsichtig vorgehen muss, so ist es doch erforderlich, sich eingehend mit möglichen Erklärungen für Körpersprache auseinander zu setzen. Wir setzen alle beim Vorgang der Kommunikation Körpersprache ein. Nonverbale Kommunikation hat zum Teil eine erhebliche Wirkung.

Was sollte der Sender von Körpersprache wissen, wenn er kommuniziert?

Fragen Sie sich: Nehmen Sie jemandem eine ernste Aussage ab, wenn er sich dabei lässig zurücklehnt, den Kopf zur Seite neigt und gelangweilt aus dem Fenster schaut?
Es könnte sein, dass es Ihnen geht wie mir. Ich zweifle in solchen Situationen an der Ernsthaftigkeit der Aussage. Vielleicht wird die Bedeutung der Körpersprache noch deutlicher, wenn Sie sich vorstellen, dass Ihr Chef Sie zu einer wichtigen Unter-

redung gebeten hat. Sie schauen bei diesem Gespräch permanent aus dem Fenster. Würden Sie sich wirklich über die Bemerkung Ihres Chefs wundern, wenn er Sie fragt, ob Sie ihm überhaupt zuhören?

> Der Sender von Körpersprache sollte zur Kenntnis nehmen, dass Körpersprache gewollt oder ungewollt gedeutet wird.

Zum Beispiel begrüßt man sich gelegentlich durch ein Kopfnicken, ohne ein weiteres Wort zu wechseln. Jeder, der in unserem Kulturkreis aufgewachsen ist, weiß, dass damit – im Vorübergehen jedenfalls – die Begrüßung gemeint ist. Dieses Beispiel soll aber noch etwas anderes deutlich machen: Wenn Inhalt einer Aussage und die Körperhaltung nicht „stimmig" sind, ist es für den Empfänger schwer (oder sogar unmöglich), den Inhalt anzunehmen.

> Wenn Sie also insgesamt glaubhaft wirken möchten, sollten Sie auch Ihre Körpersprache daraufhin überprüfen, ob sie mit Ihren Aussagen übereinstimmt.

Manchmal gibt die eigene Körpersprache auch Aufschluss darüber, ob Sie tatsächlich hinter Ihren Aussagen stehen. Wer bei einer Begrüßung darauf hinweist, dass er sich freut, den anderen „endlich nach so langer Zeit" wiederzusehen, und dabei zwei Schritte zurückweicht, sollte sich fragen, ob die Aussage wirklich stimmt.
An dieser Stelle könnten Sie auf die Idee kommen, dass Sie dann auf jeden Fall trainieren sollten, die Körpersprache anzupassen. Das wäre jedoch ein Fehlschluss.

> Bleiben Sie bei allem, was Sie tun, authentisch, das heißt, spielen Sie Ihrem Kommunikationspartner nichts vor.

Stehen Sie zu dem, was sie sagen, und beobachten Sie Ihre Körpersprache. Zeigen Sie Ihrem Gesprächspartner nicht die „kalte Schulter", wenn Sie ihn schätzen. Sagen Sie Ihren Zuhörern nicht, dass Sie sich freuen, heute diesen Vortrag halten zu dürfen, wenn Sie es nicht wirklich tun. Wer genau hinschaut, wird vielfach Signale wahrnehmen, die ihn das Gegenteil vermuten lassen.

Achten Sie darauf, dass Sie Ihrem Publikum oder Ihrem Gesprächspartner nicht zu nahe kommen. Dazu gibt es keine exakten Messungen, die Ihnen auf den Zentimeter genau angeben, wie weit Sie sich anderen in üblichen Gesprächssituationen nähern dürfen. Cole (1996) nennt dazu einige Zahlen, die aber nur als Anhaltspunkte dienen können, weil sie empirisch nicht exakt überprüfbar sind (45 cm für Verwandte und enge Freunde und 60 cm bis 100 cm für Mitarbeiter und Bekannte). Beobachten Sie im Zweifel selber, was Ihnen in entsprechenden Situationen angenehm oder unangenehm vorkommt.

Ich rede übrigens grundsätzlich lieber mit Menschen, die mir gegenüber eine offene Haltung einnehmen und durch Gestik und Mimik ihre Bereitschaft signalisieren, auch gerne mit mir zu reden. Bei den anderen bin ich nicht sicher, ob sie überhaupt ein Gespräch mit mir aufnehmen wollen.

Da sich dies durchaus verallgemeinern lässt, es also den meisten Menschen so geht wie mir, können Sie als Sender von Körpersprache Folgendes ableiten:

> Sie können Ihre Gesprächs- und Aufnahmebereitschaft durch eine offene Körperhaltung unterstützen , wenn Ihnen die Kontaktaufnahme mit anderen wichtig ist.

Verschränken Sie also im Zweifel Ihre Arme nicht, sondern wählen Sie eine offene Arm- und Handstellung. Sie sollten Ihre eigene Gestik und Körperhaltung testen und sich Rückmeldung einholen.

Was ist der so genannte sympathische Bereich?

Wenn Sie Gestik als Unterstützung einsetzen, sollten Sie einen Rahmen wählen, der im so genannten sympathischen Bereich liegt. Kurz gesagt ist das der Bereich „zwischen Bauchnabel und Kehlkopf". Sie sollten also weder weit nach unten, noch weit nach oben, noch weit zur Seite über einen imaginären Kasten vor Ihrem Oberkörper mit Ihrer Gestik hinausgehen. Betrachten Sie diesen Hinweis nicht dogmatisch. Sie können über diesen Bereich hinausgehen, sollten aber dann darauf achten, dass die Gesten nicht unbeholfen oder unangenehm wirken.

Sollten Sie sich bestimmte Gesten antrainieren?

Versuchen Sie es lieber nicht. Neue Gesten sind antrainierbar, aber mindestens anfangs und vielfach für lange Zeit alles andere als entspannend. Neue Gesten sind ungewohnt und wirken ungelenk. Lassen Sie sich Zeit und versuchen Sie authentisch zu bleiben. Bauen Sie keine extremen neuen Gesten oder Haltungen in Ihr Repertoire ein. Achten Sie lieber darauf, dass Sie auf körpersprachliche Elemente, die andere stören könnten, verzichten.

Wie viel Blickkontakt sollten Sie zu Ihren Gesprächspartnern haben?

Diese Frage muss differenziert gesehen werden. Als Präsentator/in sprechen Sie zum Teil die Gruppe an, zum Teil stehen Sie - beispielsweise bei der Beantwortung von Fragen – mit einem einzelnen Teilnehmer im unmittelbaren Gespräch. Diese Situation besteht natürlich gehäuft bei der Moderation, auf die wir vorgreifend mit eingehen. Für die Ansprache der Gruppe gibt es nur eine Regel:

> Sie müssen immer den Blickkontakt zur Gruppe halten.

Für das Gespräch mit einer Einzelperson liegt die Situation anders. Zu wenig Blickkontakt wird in unserem Kulturkreis als Desinteresse gewertet, zu viel Blickkontakt wirkt dagegen eher einschüchternd.
Blicke können stechend sein oder Sie können jemandem in die Augen schauen und wissen genau, wie es ihm oder ihr geht.

> Die Dosierung des Blickkontaktes müssen Sie selber testen, da unterschiedliche Menschen auch sehr unterschiedlich auf Blickkontakt reagieren.

Sie sollten selbst beobachten, wie lange Sie den Kontakt halten können, ohne dass sich Ihr Gegenüber unwohl fühlt. Wenn Sie bemerken, dass sich Ihr Gegenüber dem Kontakt entzieht, verschonen Sie ihn. Allerdings ist dies genau ein Moment, in dem Sie darüber nachdenken können, warum Ihr Gesprächspartner so reagiert. Um das zu klären, können Sie sich aller Instrumente der Kommunikation bedienen, die Sie bereits kennen gelernt haben.
In der größeren Zuhörerrunde gilt:

> Verteilen Sie Ihre Blicke im Publikum, damit sich möglichst niemand übersehen fühlt. Suchen Sie Kontakt über den Blickkontakt.

Versuchen Sie, wenn es angemessen ist, im Vortrag zu lächeln. Viele Redner und Rednerinnen, die ich erlebe, sind etwa in Pausen bei Seminaren entspannt und lächeln. Bei Reden erlebe ich dann ein angespanntes Gesicht ohne den geringsten Anflug von Lächeln. Sie werden zu Recht sagen, dass das doch verständlich ist, weil es eine außergewöhnliche Situation ist und die meisten Menschen dann nicht so sind, wie sie sich normalerweise darstellen. Ich gebe Ihnen sofort Recht und möchte Sie auffordern, so oft vor Publikum aufzutreten, dass Sie die Situation zwar weiterhin als Herausforderung betrachten, aber so normal agieren, dass Sie entspannt Ihr Publikum anlächeln können, wie Sie das normalerweise tun, wenn es sich so ergibt.

Was sollten Sie zur Körperhaltung wissen?

In Kapitel 2 haben wir über das Einstimmen durch Angleichen von Körperhaltungen gesprochen. Das setzt natürlich voraus, dass Sie schon so erfahren und geübt sind, dass Sie Köprerhaltungen bewusst einnehmen können. Manche Menschen neigen dazu, ständig aktiv zu sein. Sie sollten eigentlich als Redner vor dem Publikum stehen, sind aber ständig in Bewegung. Sie klopfen mit dem Stift auf ein Rednerpult, wippen von einem Bein auf das andere oder nehmen merkwürdig verrenkte Haltungen beim Sitzen oder Stehen ein.

Ganz abgesehen davon, dass solche Menschen noch weit davon entfernt sind, sich auf ihr Gegenüber richtig einzustimmen – das führt schon rein äußerlich zu keiner vernünftigen Präsentation.

Nehmen sie als Grundposition eine angenehme, weder zu angestrengte noch zu lässige Körperhaltung ein, die auch Körperspannung enthält.

In Stress-Situationen neigen allerding einige Menschen dazu, ihren Körper zu verkrampfen. Andere wiederum stehen völlig ohne Körperspannung mit hängenden Schultern und Armen vor einem Publikum, um zu sprechen. Halten Sie nicht nur eine spannende Präsentation, sondern spannen Sie auch Ihren Körper so weit an, dass Ihre Zuhörer Signale empfangen können, die ausdrücken, dass Sie konzentriert bei der Sache sind. Lassen Sie sich beobachten und testen Sie, wie Ihre Körperhaltung auf andere wirkt.

3.9 Stressabbau

Gerade ist schon das Stichwort Stress gefallen. Stress wirkt natürlich allem entgegen, was Sie bisher in diesem Buch über die offene, Erfolg versprechende Kommunikation mit Ihren Teilnehmern und Teilnehmerinnen erfahren haben. Im Sinne der Einleitung möchten wir Ihnen einige erprobte Tipps geben, wie Sie den Stress umgehen und ihn abbauen können.
Erwarten Sie aber bitte keine Rezepte, die in stressbelasteten Situationen unmittelbar wirken. In der Situation selbst gibt es nur eine erste Hilfe – Sie können sich einen Kraftplatz einrichten, den Sie aufsuchen, wenn Sie wieder etwas zur Ruhe kommen möchten (wie das funktioniert, lesen Sie in Abschnitt 2.4 nach) oder Ihre Atmung regulieren (was in nachfolgendem Tipp 6 dargelegt wird).

Nachhaltige Maßnahmen zum Stressabbau setzen im Vorfeld ein und betreffen Ihre Vorbereitung.

Sechs Tipps gegen Stress

1. **Kommen Sie vor der Präsentation mit Ihren Zuhörern/Zuhörerinnen in Kontakt!**
   Das ist schon angesagt, um die Motive und Erwartungen kennen zu lernen und sich darauf einzustellen. Das hilft Ihnen zugleich, wenn Sie (noch) Probleme haben, in der fremden Gruppe zu agieren, oder wenn Sie erkunden möchten, ob Sie mit Störern rechnen müssen.
2. **Richten Sie sich vorher Ihren Platz ein.**
   Stress entsteht, wenn Sie Angst vor Pannen haben – dem beugen Sie so vor. Zugleich besetzen Sie Ihren Platz schon, Sie sind dann dort „zu Hause".
3. **Halten Sie sich an Ihren Stichwortzettel.**
   Im Abschnitt über die Vorbereitung der Präsentation wurde darauf näher eingegangen (Abschnitt 3.3).
4. **Stellen Sie sich den möglichen Erfolg vor.**
   Am Anfang der Vorbereitung müssen Sie an Schwierigkeiten denken und Lösungen einplanen. Stehen Ihre Unterlagen, schalten Sie darauf um, sich Erfolg, aber nicht mehr Misserfolg vorzustellen. Sonst verfangen Sie sich im sog. Tunnelblick, der Sie hindert, die Dinge zu sehen, die Sie vor dem Scheitern bewahren können.
5. **Nutzen Sie mentales Training (wie im Sport)**
   Gehen Sie die erfolgreiche Präsentation wiederholt im Kopf durch und stellen Sie sich vor, wie Sie Schwierigkeiten positiv bewältigen. Sie bekommen ein Gefühl dafür, die Situation zu beherrschen.
6. **Kontrollieren Sie Ihre Atmung**
   Nervosität drückt sich deutlich in der Atmung aus, sie wird schnell und flach. Atmen Sie vor dem Start tief durch und auch in den Pausen. Sie können Ihre Atmung kontrollieren, wenn Sie die Hand auf den Bauch legen (er muss sich tief auf- und absenken). Richtiges Atmen muss (vorher und regelmäßig) trainiert wurden.

Alle diese Maßnahmen sind Hilfestellungen, packen aber nicht das Grundübel hartnäckigen Lampenfiebers und regelmäßiger Stressphänomene an der Wurzel. Haben Sie solche Probleme, müssen Sie systematisch Entspannungstechniken erlernen und anwenden. Infrage kommen beispielsweise progressive Muskelentspannung oder autogenes Training.

3.10 Gute Argumente gegen Einwände

Gleichklang herstellen, auf die gleiche Wellenlänge kommen, einen guten Rapport herstellen – das alles bezieht sich darauf, respektvoll und vertrauensvoll miteinander zu kommunizieren. Es bedeutet nicht, die Standpunkte zu nivellieren, sondern Ihnen bleibt bei der Präsentation die Aufgabe, die Teilnehmer/innen zu überzeugen – wenn es sich um eine Überzeugungspräsentation handelt. Sie müssen mit Einwänden rechnen und damit gleichermaßen vernünftig und Erfolg versprechend umgehen.

Sechs Grundregeln zum Umgang mit Einwänden

1. Bleiben Sie immer ruhig und sachlich. Drücken Sie auch nicht durch eine Körperhaltung Unwillen aus.
2. Lassen Sie Ihr Gegenüber immer ausreden und hören Sie interessiert zu.
3. Denken Sie unbedingt erst nach, bevor Sie antworten. Wenn Sie keine Pause machen können, stellen Sie eine Gegenfrage, um Zeit zu gewinnen.
4. Versuchen Sie, sich mit der Einstellung Ihres Gegenübers zu identifizieren. Sie müssen verstehen, was er/sie erreichen möchte, nur so können Sie sinnvoll antworten.
5. Antworten Sie knapp und prägnant. Sprechen Sie ruhig und sachlich.
6. Ist ein Einwand zu kompliziert, schlagen Sie vor, einen Experten hinzuzuziehen.

Argumentationen

Das Argumentieren ist ein eigenes Thema, dem Sie sich über Präsentieren hinaus bei Bedarf zuwenden müssen. Hier eine kompakte Zusammenstellung von Argumentationsfiguren:

Bevor Einwände formuliert werden

Vorwegnahme	Typisch zu erwartende Einwände werden schon in der Präsentation vorweggenommen, sodass die Chance entfällt, sie anschließend einzubringen. Das klappt nur, wenn Sie sie wirklich entkräften können. Kleiden Sie Ihren Text auch wirklich in Argumente („Dagegen könnte man einwenden, dass…, aber dazu …“)
Eisbrecher	Sie regen die Gruppe zu kritischen Fragen an und fangen Einwände sozusagen im „Mittelfeld“ ab. Sie haben sie dann bestellt, sie sind nicht unaufgefordert gekommen und so schon abgeschwächt.

Wenn Sie nicht sofort oder gar nicht antworten können

Ablenken	Wenn Sie gar nicht antworten möchten, bleibt nur Ablenken – Sie bringen einen neuen Aspekt in die Diskussion ein und kommen nicht mehr auf den alten zurück.
Rückfragen	Sie gewinnen Zeit, erhalten weitere Informationen, wie der Einwand gemeint ist, und können besser antworten.
Zurückstellen	Sie antworten nicht sofort, sondern später, weil noch Informationen kommen, die den Einwand möglicherweise abschwächen oder sogar entkräften (Einwände ggf. notieren).

Verhandeln	Mit einem hartnäckigen Partner, der alle Ihre Argumente ablehnt, können Sie nur zu einer Verhandlungslösung kommen. Diese ist an Bedingungen geknüpft, eine besondere Situation, die aber am Ende einer Präsentation im Unternehmen nicht unwahrscheinlich ist (das Unternehmen stellt z.B. Neuerungen vor, der Betriebsrat lässt sich nicht überzeugen, sondern sucht Kompromisse gegen Gegenleistungen).

Eigentliche Argumentationsfiguren

Ja – aber	Das ist die klassische Figur schlechthin. Wandeln Sie sie ab, variieren Sie Formulierungen („Sie haben im Prinzip Recht, nur…“).
Nachteil – Vorteil	Abwandlung von Ja – aber. Sie geben Nachteile zu, kehren aber gleichzeitig Vorteile heraus.
Rhetorische Frage	Sie wiederholen den Einwand in Frageform und wandeln dabei die Formulierung so ab, dass auf einen Aspekt geführt wird, mit dem Sie antworten können.
Umkehrung	Sie geben den Einwand an den Teilnehmer zurück, indem Sie seine Ausführungen anzweifeln und ihn in die Situation bringen, seine Annahmen und Voraussetzungen näher zu begründen.

Auf den Punkt gebracht

- Nur wer weiß. wo er hin will, kommt auch dort an – setzen Sie sich also klare Ziele für Ihre Präsentation und formulieren Sie diese konkret (schriftlich!).

- Orientieren Sie alle Entscheidungen bei Planung und Durchführung konsequent am Nutzen Ihrer Teilnehmer/innen. Informieren Sie sich bei unbekannten Gruppen vorher über die Zusammensetzung des Zuhörerkreises.

- Technik hat Tücken – probieren Sie alles rechtzeitig vorher aus.

- Ihre Präsentation soll kurz, prägnant und verständlich sein. Ihre Aufgabe ist es, umfassend Informationen zu sammeln (damit alles berücksichtigt wird) und diese dann zu verdichten und zu visualisieren.

- Visualieren ist Handwerk und Kunst – das muss erlernt und geübt werden. Setzen Sie nicht nur auf Ihre Intuition, sondern machen Sie sich mit professionellen Regeln für die Text- und Bildgestaltung vertraut.

- Visualisieren Sie nicht nur Ihre Folien, sondern auch Ihre Handouts.

- Das wichtigste „Medium“ sind Sie selbst. Achten Sie auf verständliche Sprache und stimmige Körpersprache.

- Bei jeder Präsentation ist das „A und O“ entscheidend! Das A, der Anfang, entscheidet, ob die Teilnehmer überhaupt bei Ihnen einsteigen, und das O, das Ende, bleibt besonders im Gedächnis haften.

4 Moderationstechnik

Regeln, Mittel, Phasen, Kommunikation

4.1 Ziel und Vorbereitung

Aufgabe der Moderation ist, ein Problem zu lösen oder ein Thema zu bearbeiten und dabei ein Ziel zu erreichen. Hier findet wechselseitige Kommunikation und Zusammenarbeit in der Gruppe statt und die Person des Moderators steht nicht im Vordergrund. Moderation ist in diesem Sinn eine Kunst zur Verbesserung der menschlichen Kommunikation.

> Ziel ist es, dass die Gruppenteilnehmer/innen mit sich selbst und mit anderen in Kontakt treten können und daraus eine fruchtbare Zusammenarbeit erwächst.

Durch Moderation werden Meinungen gebildet. Änderungen und neue Abläufe können auf diese Weise von jedem Einzelnen mitgetragen werden. Die Partizipation erzeugt Motivation. Die Leistungserstellung wird effektiver und die Produktivität höher. Dabei darf nicht übersehen werden, dass Teilnehmer/innen auch die Kompetenz und die Verantwortung für ihr Handeln übertragen bekommen, ein wichtiger Aspekt, wenn Moderation im Unternehmen mit Mitarbeitern stattfindet. Moderation bietet somit einen Weg zu Verbesserungen im Arbeits- und Entscheidungsprozess.

Vorbereitung einer Moderation

Die Vorbereitung einer Moderation hat viele Ähnlichkeiten mit der Vorbereitung einer Präsentation. Deshalb soll nicht noch einmal ausführlich auf alle Punkte eingegangen werden. Der/die Moderator/in muss sich um inhaltliche, methodische, organisatorische und um seine/ihre persönliche Vorbereitung kümmern.
Die Punkte, die jedes Mal von Neuem organisiert werden müssen, sind:

- Vorabinformation über die Teilnehmer,
- Zustand der Räumlichkeiten,
- Tagesordnung,
- Einladungen,
- bereitzulegende Hilfsmittel,
- Klärung von Pausen und möglicher Bewirtung sowie
- das zu erstellende Protokoll.

Gegenüber der Präsentation kommt die spezifisch methodische Vorbereitung hinzu. Die Moderation erfordert einen gezielten Einsatz spezifischer, konkreter Methoden und der Moderator muss sich überlegen, welche Methodik bei welchen Phasen eingesetzt werden soll. Auf die wesentliche Moderationsmethode wird in Abschnitt 4.6 und auf Problemlösungs- und Kreativitätstechniken im Kapitel 5 eingegangen.

Der Moderator/die Moderatorin

Er/sie ist Dienstleister/in und muss sich als Leiter/in oder Führer/in einer Gruppe (im gruppendynamischen Sinn) verstehen.

> Der Moderator ist Methodenspezialist, aber nicht zwangsläufig Experte auf inhaltlichem Gebiet des zu behandelnden Themas. Er/sie muss die Gruppe steuern und die Arbeitsfähigkeit erhalten.

Er/sie kümmert sich um den Gruppenprozess und die Methodik der Moderation und ist verantwortlich für die Atmosphäre in der Gruppe und deren Wirken. Ein Moderator bringt keine eigene Meinung zum Thema ein. Selbst wenn bei guten fachlichen Kenntnissen Fachfragen gestellt werden, gibt er/sie an die Gruppe weiter.
Der Moderator darf die Beiträge der Teilnehmer weder kommentieren noch bewerten. Der Moderator kann als Katalysator bezeichnet werden, er öffnet die Gruppe für das Thema und stellt eigene Meinungen und Ziele zurück. Er/sie hat immer eine fragende Haltung und hört aufmerksam zu. Er/sie fasst zusammen und visualisiert.

4.2 Grundsätzliche Regeln

Durch Fragen wird Kommunikation erzeugt und in Bewegung gehalten. Allerdings sollte man auf Fangfragen oder Suggestivfragen verzichten. Auch Wissensfragen oder Banalitäten gehören nicht zu den Werkzeugen eines Moderators. Geeignete Fragen könnten z. B. sein:

- Welche Vorteile/Nachteile ergeben sich aus dieser Situation?
- Was spricht für oder gegen die Umsetzung dieser Maßnahme?
- Welche Abteilungen sind davon betroffen?

Auftretende Störungen muss der Moderator erkennen und darauf reagieren. Störungen sind Kommunikationsbarrieren, die eine Zusammenarbeit verhindern oder Ergebnisse verfälschen. Der Moderator muss den Teilnehmern die Störung bewusst machen und sofort eine Lösung herbeiführen, sonst ist der gesamte nachfolgende Ablauf behindert.

Statt „man“ sollte man das Wörtchen „ich“ verwenden. Dadurch wird eine gewisse Anonymität beseitigt. Der Kommunikationsprozess wird gefördert, wenn nicht in der dritten Person gesprochen wird, sondern der Name des Betreffenden genannt wird.

Der Moderator muss absolut neutral sein. Er darf nicht bewerten und nicht beurteilen. Seine Aufgabe ist es, den Meinungsprozess der Teilnehmer zu aktivieren. Der Moderator muss alles, was von den Teilnehmern kommt, aufgreifen und für die Moderation umsetzen.

Der Moderator sollte sich nicht rechtfertigen, wenn die Gruppe z. B. versucht, eine von ihm angewandte Methode lächerlich zu machen. Das behindert nur die weitere Problemlösung oder macht sie sogar unmöglich. Die Hintergründe der Provokation müssen vom Moderator gesucht, als Störung betrachtet und diese wiederum von der Gruppe gelöst werden.

Eine letzte Spielregel besagt, dass es günstig ist, zu zweit zu moderieren. Es wirkt lebendiger auf die Gruppe, und die Moderatoren können sich durch die verschiedene Art ihrer Präsentationen ergänzen. Voraussetzung dafür ist allerdings, dass sie sich im Vorfeld über die Vorgehensweise abgestimmt haben.

4.3 Hilfsmittel und Medien

Bei der Moderation werden nahezu die gleichen Medien verwendet wie bei der Präsentation, sodass auch hier nicht mehr ausführlich darauf eingegangen wird.

> Die Inhalte, die von den Teilnehmern erarbeitet werden, müssen visualisiert werden. Erstens wird die Motivation dadurch erhöht, und zweitens dient das der geistigen Unterstützung der Teilnehmer.

Auch wenn Raumtemperatur und das Licht nicht auf den ersten Blick als Hilfsmittel identifiziert werden, gehören sie doch dazu, da sie das Wohlbefinden des Einzelnen beeinflussen.
Zu den eigentlichen und spezifischen Hilfsmitteln zählt der Moderationskoffer, der vorgefertigte Beschriftungssysteme enthält, was zusammen mit Pinnwänden und Flipchart genutzt werden kann.

Beispiel
Für einen handelsüblichen Moderatorenkoffer nennt der Hersteller folgenden Inhalt:
- rund 1000 Kommunikationskarten in mehreren Farben, Größen und Formen
- rund 1000 selbstklebende Markierungspunkte in 5 Farben sortiert
- Schere, Cutter
- Kreppband und Klebeband
- Klebstoff
- Teleskop-Zeigestab
- Haltemagnete
- Pinn-Nadeln mit unterschiedlichen Farbköpfen und Nadelkissen
- Flipchart-Marker
- Whiteboard-Marker (trocken abwischbar)
- Overhead-Stifte in mehreren Farben, permanent und wasserlöslich

Vorbereitete Visualisierungen wie bei der Präsentation treten naturgemäß in den Hintergrund, sie sind eher Einleitungen oder Zwischeninputs vorbehalten, während eine große Anzahl von Visualisierungen während der Moderation entsteht. Zahlreiche Moderatoren statten sich auch gern individuell aus und arbeiten mit Packpapier, großen Filzstiften und Klebepunkten aus dem Schreibwarensortiment.

4.4 Fragetechnik

Von den Fragen des Moderators hängt im wesentlichen Maße der Erfolg der Arbeitssitzungen ab. Er/sie kann damit die nötigen Informationen herausarbeiten, den Ablauf strukturieren, unterstützend eingreifen, alle Teilnehmer einbeziehen und schwierige Situationen umschiffen.

Fragearten

Offene Fragen

Es handelt sich hier um die so genannten W-Fragen (wer, was, wie, welche, wozu…).Die Antwort kann vom Teilnehmer frei formuliert werden. Dadurch kommen eigene Lösungsvorschläge zu Tage.
(Welche Gründe sprechen für diesen Vorschlag? Wo liegen die Ursachen dieses Problems? Wie werden wir jetzt weitermachen? Wann werden wir damit so weit sein?)

Geschlossene Fragen

Die Antwort auf eine geschlossene Frage kann ein Wort oder auch nur eine Geste sein. Diese Frageform nützt wenig bei der inhaltlichen Arbeit. Sie wird aber für den Ablauf benötigt, zum Beispiel bei der Frage *„Wer übernimmt den nächsten Schritt?"* (ebenfalls eine W-Frage, aber keine offene!).
Geschlossene Fragen wird der Moderator auch dann anwenden, wenn er/sie ein Gespräch straff führen möchte, es also auf eine klare Antwort ankommt oder darum, Zustimmung einzuholen.

(Sind Sie einverstanden, wenn wir diese Punkte nun nach und nach behandeln?)

Alternativfrage

Zwischen zwei Alternativen soll eine Entscheidung fallen. Dadurch kann es aber passieren, dass sich aus den Teilnehmern zwei Gruppen bilden. Sollte dies geschehen, muss der Moderator wieder geschickt zur eigentlichen Zielfindung überleiten. (Sollen wir dies gleich im Detail formulieren oder nur grobe Stichpunkte für später festhalten?)

Rhetorische Frage

Sie beantwortet sich von selbst. Eine Gegenmeinung kann dazu gar nicht aufkommen. In einer Moderation ist diese Frage sehr ungünstig, da dadurch die Offenheit eingeschränkt wird.

Suggestivfrage

Jemand soll durch Manipulation der geäußerten Meinung zustimmen. Also ist diese Frageart für die Moderation nicht geeignet.

Gegenfrage

Durch eine Frage wird jemand aufgefordert, etwas zu tun oder sich zu äußern. Möchte sich jemand vor der Antwort drücken, kann er die Frage mit einer Frage beantworten. Im Wiederholungsfall kann dies provozierend wirken.
Frage: Wann machen wir endlich eine Pause?
Gegenfrage: Warum? Haben Sie Hunger?

Zurückgegebene Frage

Da es nicht Aufgabe eines Moderators ist, auf inhaltliche Fragen zu antworten, muss er sie an die Gruppe zurückgeben.
Frage an den Moderator: *Wie viele Lösungsvorschläge sollen wir überhaupt erarbeiten?*
Zurückgegebene Frage des Moderators: *Wie viele Lösungsvorschläge sehen denn die anderen als vernünftig an?*

4.5 Phasen einer Moderation

Die Gliederung in Phasen ist nicht zwangsläufig und wird nicht ganz einzheitlich dargestellt. Wir unterscheiden im Folgenden:

1. Begrüßung und Kennenlernen
2. Anwärmen
3. Formale Abstimmung/Spielregeln
4. Problemsammlung
5. Problemklärung
6. Erarbeiten von Lösungsansätzen
7. Sichten und Bewerten der Ergebnisse
8. Planen von Aktivitäten
9. Abschluss und Ausblick

(Diese Einteilung findet sich in Chr.-R. Weisbach, Verhandeln und Moderieren, Cornelsen 2000, woran auch einige nachfolgende Passagen orientiert sind.)

Phase 1: Begrüßung und Kennenlernen

Das „Wie" Ihrer Begrüßung bestimmt ganz wesentlich den weiteren Verlauf. Der offiziellen Begrüßung geht in jedem Fall eine informelle Begrüßung voran. Beim Betreten des Raumes nehmen die Teilnehmer Kontakt auf: zum Raum, zu anderen Teilnehmern und zu Ihnen. Wenn es Ihnen gelingt, die Gruppe offen, interessiert, ja neugierig zu empfangen, fördern Sie eine kommunikationsbereite Haltung. Da die Teilnehmer in der Regel nicht gleichzeitig den Raum betreten, haben Sie Gelegenheit, mit Einzelnen Tuchfühlung aufzunehmen und zwanglos Fremdheit ab- und Vertrauen aufzubauen.

> Bei der offiziellen Begrüßung stellen Sie sich noch einmal der Gruppe vor und legen dar, worin Sie Ihre Rolle sehen.

Klären Sie, wie die Ergebnisse dokumentiert werden sollen, und was die Teilnehmer als Protokoll des Verlaufs erhalten werden. Prüfen Sie zu diesem frühen Zeitpunkt, welche organisatorischen Details gegebenenfalls noch geklärt und welche Informationen noch gegeben werden müssen.

Je nachdem, ob sich die Teilnehmer/innen der Gruppe schon kennen oder nicht, stellen sie sich mehr oder weniger ausführlich vor und bei Bedarf ist ein methodisches Element zum ausführlicheren Kennenlernen angebracht. Bedenken Sie dabei, dass sich Teilnehmer/innen zwar möglicherweise kennen, aber sonst nicht in dieser Zusammensetzung im Team oder bei einer solchen Aufgabe zusammenarbeiten, sodass auch dann das „sich mit anderen Augen kennen lernen" sinnvoll ist.
Neben der verbreiteten Vorstellungsrunde hat sich der Gruppenspiegel bewährt: Während der informellen Begrüßungsphase werden ankommende Teilnehmer gebeten, sich auf einem vorbereiteten Plakat einzutragen (mit Name, Tätigkeit, Funktion, Zugehörigkeit, Abteilung, Begründung für Teilnahme, mit Angaben, was typisch für den/die Betreffende ist, ggf. auch Hobby und Dinge, die man sonst aus dem Privaten preisgeben möchte).

> Bevor die Moderation beginnt, ergibt das Erläutern der persönlichen Daten an der Pinnwand einen lockeren Vorspann. Am Anfang der Kennenlernphase stellt sich dann jeder selbst, neben dem Plakat stehend, der Gruppe vor.

Der Gruppenspiegel hat den Vorteil, dass dieses Plakat für die Dauer der Moderation sichtbar bleibt und die Informationen über die anderen so nicht vergessen werden.
Eine ebenfalls häufig genutzte Form ist das Paarinterview zur gegenseitigen Vorstellung. Wer seinen Interviewpartner vorstellt, muss sich nicht selbst präsentieren, wovor ja viele Menschen eine Scheu haben.
Je nach Gruppe und Moderationsauftrag strukturieren Sie die Paarfindung durch die Vorgabe eines Auswahlkriteriums, beispielsweise:

- man soll interviewen, wen man wenigsten kennt, oder
- interviewen, mit wem man am häufigsten zusammenarbeitet, oder einfach
- nach dem Zufall (Karten oder Zettelchen mit Namen versehen und ziehen lassen).

Strukturieren Sie die Paarinterwies, indem Sie die Kriterein nennen (und am besten auf der Pinnwand oder dem Flipchart visualisieren), nach denen gefragt werden soll.

In den Fragenkatalog gehört auch die Abfrage nach den Erwartungen an die Moderation.
Begrenzen Sie die Zeit der Interviews (z.B. 5, 10 oder 12 Minuten). Diese werden zwar parallel geführt, aber der Umfang der Ergebnisse, der dann vorgetragen wird, muss im Rahmen bleiben. Diese vorgetragenen Ergebnisse sollten Sie als Moderator/in knapp auf Plakaten mitschreiben und diese im Raum aufhängen, sodass die Informationen über die Teilnehmer/innen wie beim Gruppenspiegel auch während der gesamten Moderation verfügbar bleiben.

Phase 2: Anwärmen

Noch vor der eigentlichen Arbeit können Sie die Gruppe auf die Zusammenarbeit und das Thema einstimmen.

Als Methode bietet sich an, die Einstellung und Haltung der Teilnehmer zum Thema sichtbar zu machen.

Aus den unterschiedlichen Vorgehensweisen soll die hier oft verwendete Technik der Ein-Punkt-Fragen herausgegriffen werden. Bitten Sie die Teilnehmer, zu Fragen auf einer vorbereiteten Pinnwand an der für sie zutreffenden Stelle ein Kreuz zu machen bzw. einen Punkt zu kleben. Mögliche Fragen:

- Wie stark beschäftigt mich das heutige Thema?
  Sehr – etwas – wenig
- Wie zufrieden bin ich mit dem momentanen Stand unserer Arbeit?
  Sehr – etwas – wenig
- Was erwarte ich von dieser Veranstaltung an Lösungen?
  Viele – einige – wenige
- Wie wird sich durch diese Veranstaltung unser Umgang voraussichtlich entwickeln?
  Verbessern – unverändert bleiben – verschlechtern

Abgesehen von der Information über die Erwartungen, die man unmittelbar durch die Punkteclusterung ablesen kann, kommt Bewegung in den Raum und die Runde wird aufgelockert.
In vielen Pflichtveranstaltungen, das wissen wir alle, können Sie nicht vor vorneherein mit Aufgeschlossenheit und Offenheit rechnen.

Haben Sie vor diesem Hintergrund den Eindruck gewonnen, dass die Gruppe emotional angespannt ist, gehört die persönliche Stellungnahme in die Anwärmphase.

Im offenen Plenumsgespräch soll sich jeder äußern und dafür gilt folgende eiserne Spielregel: Mit Ausnahme von Verständnisfragen sind keine weiteren verbalen Reaktionen erlaubt. Achten Sie darauf, dass die Teilnehmer keine Kommentare zu den Äußerungen anderer abgeben bzw. nicht über einzelne Aussagen zu diskutieren beginnen.
Inhaltlich sind Sie als Moderator/in nicht gefragt, aber zu den Erwartungen auf jeden Fall.

Hier beziehen Sie sich mit in die Gruppe ein und äußern sich wie alle anderen auch.

Phase 3: Formale Abstimmung/Spielregeln

Die grundsätzlichen Regeln einer Moderation wurden in Abschnitt 4.2 angesprochen. In dieser 3. Phase muss die Subanz dieser Regeln in handlungsorientierte, sprachlich der Gruppe angemessene Formulierungen gebracht und Formales, wie z. B. die Arbeitszeit, ergänzt werden.

Die Gruppe kann und sollte eine erste Vereinbarung treffen, in der Arbeitszeiten und „Spielregeln“ verbindlich festgelegt sind.

Drei Bereiche müssen auf jeden Fall einbezogen werden:
- Eigenverantwortlichkeit,
- Engagement für die Gruppe und
- Umgang mit Störungen.

Eigenverantwortlichkeit ist übergreifend zu sehen. Hinter dem Engagement für die Gruppe steckt die Verpflichtung, dass die Gruppe ein Ergebnis erarbeiten und dass dazu jeder Einzelne seinen Beitrag leisten muss. Dieser Kern der Moderation stellt erfahrungsgemäß bei Teilnehmern ein Problem dar, die noch keine Erfahrungen mit der Moderationsmethode haben, weil sie die Rolle des Moderators anfangs oft missverstehen und bei ihm fälschlicherweise die Verantwortung für das Ergebnis sehen.

Allgemein anerkannte Regel ist, dass Störungen Vorrang haben.

Der Grund ist einfach: Störungen halten von der Arbeit ab und das kann und soll ein Team sich nicht leisten. Störungen haben deshalb in dem Sinne Vorrang, die volle Arbeitsfähigkeit ist so rasch wie möglich wieder herzustellen.

Phase4: Problemsammlung

Die eigentliche Arbeitsphase kann beginnen, wenn alle Fragen zur Orientierung geklärt sind. Bedenken Sie: Jede neu zusammengesetzte und auch jede veränderte Gruppe durchläuft mehrere Phasen der Teamentwicklung.

Leiten Sie in die Phase der Problemsammlung erst ein, wenn Sie sich vergewissert haben, dass sich die Gruppe konstituiert hat und arbeitswillig ist.

Jetzt beginnt die eigentliche Arbeit. Es geht darum, die Themen festzulegen, die bearbeitet werden könnten.
In dieser Phase der Sammlung entsteht nicht nur für Sie als Moderator, sondern auch für die gesamte Gruppe ein Überblick, welche Themen, Probleme oder Ideen überhaupt bearbeitet werden sollen.
Als Methode hat sich für diesen Arbeitsschritt die Kartenabfrage bewährt, d.h., die Teilnehmer schreiben ihre Äußerungen auf Metaplan-Karten, die anschließend an der Pinnwand sortiert werden (vgl. Abschnitt 4.6).

Planen Sie für diese Phase der Moderation auf jeden Fall genügend Zeit ein.

> Die Qualität der Ergebnisse, die in dieser Phase gesammelt werden, wirkt sich auf den gesamten weiteren Verlauf der Moderation aus.

Phase 5: Problemklärung und Arbeitsaufgabe

Es gibt verschiedene Methoden, um von der Problemsammlung zur Aufgabenformulierung und -gewichtung zu gelangen.

> Am Ende dieser Phase steht der klare Arbeitsauftrag, den die Gruppe sich zur Erledigung und Lösung vornimmt.

Um die vorhandene Problem- und Aspektsammlung zu verdichten und zu strukturieren, müssen Bewertungen vorgenommen werden, und dazu braucht die Gruppe Kriterien. Diese werden am besten in einer Frage gebündelt, beispielsweise:

- Womit sollen wir beginnen?
- Was lässt sich am leichtesten lösen?
- Welches Thema bereitet uns zur Zeit die größten Probleme?

Die erste Frage ermittelt nur die Mehrheit, die beiden anderen orientieren sich an unterschiedlichen Zugangswegen. Die Frage soll allen vor Augen stehen, weshalb sie am besten auf dem Flipchart oder der Pinnwand in großer Schrift notiert wird.
Als Methode, um zu Prioritäten zu gelangen, hat sich in dieser Phase vor allem die Punktabfrage bewährt (siehe dazu Abschnitt 4.6).

Phase 6: Erarbeiten von Lösungsansätzen

In dieser Phase findet die eigentliche Arbeit an den Problemen statt. Wie dies konkret vonstatten geht, hängt im Einzelnen von den Rahmenbedingungen ab. Der sich regelmäßig treffende Qualitätszirkel eines Unternehmens, in dem vier oder fünf Personen zusammen mit einem Moderator eine Reorganisation des Qualitätsmanagements erarbeiten (und dabei zum Beispiel offensichtliche Konflikte zwischen Produktion und Marketing zu lösen versuchen), hat ganz andere Erfordernisse als die zwei- oder dreitägige Workshopmoderation mit großer Teilnehmergruppe.

> Allgemein gilt: Moderation sollte nicht im großen Plenum erfolgen, sondern im Wechsel von Kleingruppenarbeit und Plenum.

Phase 7: Sichten und Bewerten der Ergebnisse

Erarbeitete Ergebnisse werden grundsätzlich der gesamten Gruppe durch eine Präsentation vorgestellt. Das Plenum nimmt anschließend Stellung.

> Widersprüche und Gemeinsamkeiten müssen deutlich werden und es muss geklärt werden, ob und wieweit das Thema unter einer neuen Fragestellung vertiefend bearbeitet werden kann oder muss.

Je nach Komplexität des Themas und je nach Ziel, kann auf höherem Niveau eine weitere Arbeitsphase folgen. Oftmals ergeben die ersten Ergebnisse, dass ein vormals klares Problem in verschiedene Teilprobleme zerfällt, die es genauer zu beleuchten gilt. Oder es wird klar, dass manche Beziehungen und Zusammenhänge zwischen einzelnen Problemaspekten nicht deutlich sind und einer vertiefenden Bearbeitung bedürfen.
Manchmal prallen auch verschiedene Gruppenergebnisse aufeinander, aus denen deutlich wird, dass unterschwellige Konflikte vorliegen, die es detaillierter herauszuarbeiten gilt, ehe erste Lösungsansätze entwickelt werden.

> Diese Phase kann für den/dieModerator/in heikel werden, wenn es nicht gelingt, die aufkommende Verwirrung, die in der Regel bei einigen Teilnehmern entsteht, produktiv zu lenken.

Diese 7. Phase führt also möglicherweise als Schleife in die 6. Phase zurück , was mehrfach geschehen kann.

Erst, wenn es keiner weiteren Vertiefung oder Ausarbeitung mehr bedarf, folgt nun die wichtige und schwierige Entscheidungsfindung.

Die Gruppe – bei großen Gruppen das Plenum – muss zur Entscheidung gelangen, welche Lösunsvariante weiterverfolgt werden soll. An dieser Stelle geht es aber noch nicht darum, die Umsetzung von Lösungen zu diskutieren. Als Methode kann wieder eine Punktabfrage geeignet sein, die Mehrheiten aufzeigt. Aber:

Als Moderator/in müssen Sie dafür sorgen, dass für Gegenmeinungen und Bedenken ausreichend Raum gegeben wird.

Die irrende Mehrheit darf sich nicht gegen fachliche Aspekte und Expertenwissen durchsetzen und das Ergebnis soll von der gesamten Gruppe getragen werden.

Phase 8: Planen von Aktivitäten

Sind die Entscheidungen getroffen, geht es um die Umsetzung, für die ein konkreter Maßnahmenplan estellt wird. Analog zur Problemlösungsphase erfolgt dies durch Sammeln, Bewertungen strukturieren und Entscheiden – auch mithilfe von Kreativitätstechniken (Kapitel 5).

Leitfragen zum Maßnahmenplan

Für einen Maßnahmenplan haben sich landläufig die nebenstehenden Fragen durchgesetzt.

- Wer?
- macht was ?
- wie?
- bis wann?

Legen Sie den Maßnahmenplan in Form einer übersichtlichen Tabelle mit entsprechenden Spalten an.

Tragen Sie klar benannte Maßnahmen (was), konkrete und verbindliche Zuständigkeiten (wer und ggf. mit wem), Angaben zur Art der Ausführung(wie) und verbindliche Termine ein (bis wann). Termine müssen einerseits verbindlich vereinbart werden, aber andererseits realistisch sein.
Im Maßnahmenplan wird auch notiert, wie die übrigen Teilnehmer über die Erledigung von Maßnahmen informiert werden und an wen Ergebnisse gegeben werden.
Es wird nicht einheitlich gehandhabt, wann die Moderation abschließt. Im engeren Sinn ist sie mit dem Maßnahmenkatalog abgeschlossen, aber insbesondere dort, wo ein dauerhaft arbeitendes Team von der Problemstellung bis zur Umsetzung tätig ist, setzt sich die Arbeit durch die Durchführung der Maßnahmen fort. Das Team trifft sich weiter, diskutiert und bewertet Erfahrungen und kehrt möglicherweise in die 7. Phase zurück, um getroffene Entscheidungen zu revidieren und neu zu klären, dass doch anders vorgegangen werden muss.

Phase9: Abbschluss und Ausblick

Schließt die Moderation ab, steht am Ende eine Einschätzung der Arbeit. Es wird herausgearbeitet,

- wieweit die Erwartungen jedes Einzelnen erfüllt wurden,
- und wie zufrieden jeder mit dem Ergebnis ist.

Wenn Sie in der Anwärmphase die Frage nach den Erwartungen gestellt haben, bietet es sich an, einen Soll-Ist-Vergleich durchzuführen. Das kann mit einer erneuten Punktabfrage auf der ursprünglichen Pinnwand in anderer Farbe geschehen, sodass der Vergleich unmittelbar optisch deutlich wird.
Zusätzlich kann der Gruppenprozess reflektiert werden, zum Beispiel mit einem Blitzlicht (vgl. Abschnitt 5.3).
Ähnlich wie bei der Präsentation (vgl. Abschnitt 3.5) kommt der Schlussphase eine wichtige Funktion zu.

> Sie hat für die Einschätzung des Erfolgs und für die weitere Zusammenarbeit einen hohen Stellenwert und muss systematisch und mit hinreichender Zeit eingeplant werden.

Schließen Sie am Ende den Kreis zur Begrüßung, indem Sie analog einen Ausblick auf das weitere Vorgehen geben, informieren Sie über Organisatorisches (z.B. Termin und Verteilung von Protokollen) und versäumen Sie nicht, sich für die Zusammenarbeit zu bedanken!

Nachbereitung

Ebenso wie bei der Präsentation dient die Nachbereitung der Verbesserung der eigenen Kompetenzen – Sie reflektieren den Prozess und leiten daraus ab, was Sie bei der nächsten Moderation verbessern können.

Leitfragen für Ihre Nachbereitung

- Wie angemessen war meine Vorbereitung?
- Habe ich alle Punkte vorab berücksichtigt?
- War ich optimal mit Hilfsmitteln ausgerüstet?
- Waren meine vorbereiteten Pinnwände und Arbeitsunterlagen situationsadäquat?
- Wie zufrieden bin ich mit dem Verlauf?
- Habe ich jederzeit die Dynamik in der Gruppe erfasst?
- Habe ich den Prozess durchgehend in der Hand gehabt?
- Wurden meine Interventionen von den Teilnehmern akzeptiert?
- Was möchte ich beim nächsten Mal besser oder nur anders machen?
- An welchen Stellen war ich unsicher?
- Welche anderen Interventionen hätten auch gepasst?
- Was habe ich während der Moderation unternommen, um mich fit und aufmerksam zu halten?

4.6 Die hauptsächlichen Methoden: Projektkarten (Metaplan®-Methode) und Punktfragen

Projektkarten

Diese Technik wird auch Multikarten-Technik oder Pinnwand-Technik genannt (die Bezeichnung Metaplan® ist eine geschützte Marke der Firma Metaplan, Quickborn, die eine besondere Ausprägung bezeichnet, und wo mit käuflich zu erwerbendem Orginalmaterial gearbeitet wird). Man benötigt mehrere Pinnwände mit Originalpapier (behelfsweise Pack-Papierbögen), eine große Zahl Karten unterschiedlicher Farben und Formate, Klebestifte, Stecknadeln, Filzschreiber. Die Arbeitssitzung verläuft in folgenden grundsätzlichen Schritten:

1. Aufgabenstellung: Die Teilnehmer werden vom Moderator möglichst ausführlich über das Problem informiert.
2. Beschriftung der Karten: Lösungsmöglichkeiten oder Ideen werden in Stichworten oder kurzen Sätzen von den Teilnehmern auf die Karten geschrieben.
3. Blockbildung: Alle Karten werden sortiert und zu Themen zusammengefasst. Man bildet Überschriften an den Pinnwänden und hängt die Karten dazu.
4. Kartenstrukturierung: Hier werden die Karten pro Thema gruppiert. Gleiche Karten steckt man zusammen bzw. sortiert identische Formulierungen aus, zu anderen Karten lässt man Abstand. Linien zeigen Zusammenhänge.
5. Ableitung der Ergebnisse: Der/die Moderator/in erarbeitet mit den Teilnehmern Alternativen, Schwerpunkte oder Reihenfolgen. Dieses wird schriftlich auf den Pinnwänden festgehalten (sie können mit einer Digitalkamera fotografiert werden und später an die Teilnehmer verteilt werden).

Bei der einfachen Kartenabfrage werden ohne weitere Bedingungen zu einer Frage Ideen aufgeschrieben, während bei der doppelten Kartenabfrage gezielt Vor- und Nachteile bzw. Argumente pro und kontra gesammelt werden. Eine etwas andere Variante ist die Zuruffrage.

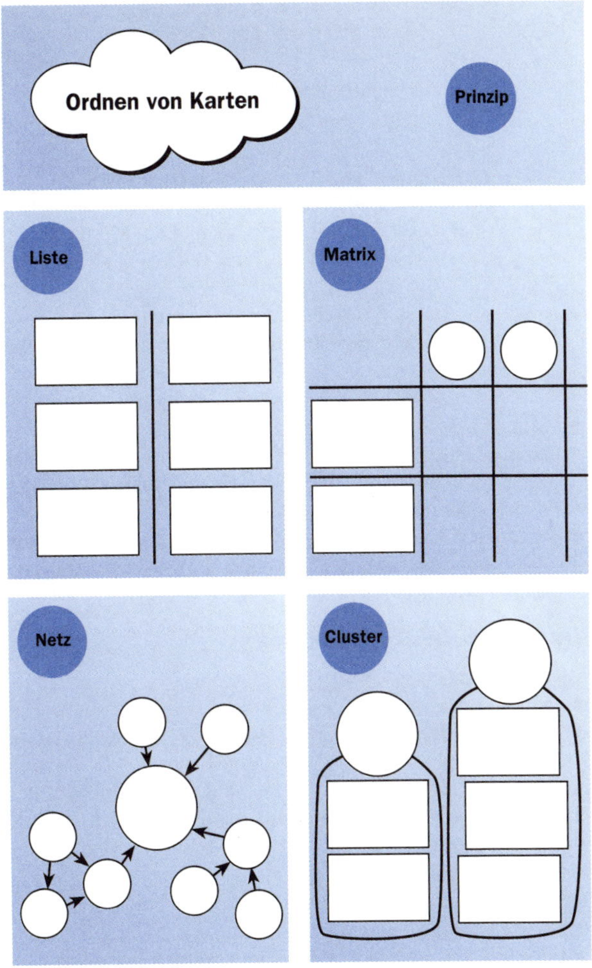

Verschiedene Möglichkeiten, Karten zu ordnen

Moderation der Zuruffrage

Der/die Moderator/in formuliert die Frage und schreibt sie in großer Schrift auf.

⇓

Die Gruppe wird kurz ins Thema eingeführt.

⇓

Die Teilnehmer/innen rufen Ideen zu und der Moderator notiert, steuert dabei das Tempo.

⇓

Am Schluss werden die Ergebnisse zusammengefasst und präsentiert.

- Vorteile: Schreibt nicht jeder für sich, regen sich die Teilnehmer gegenseitig an (ähnlich dem Brainstorming) und der Moderator kann die Formulierung beim Schreiben gleich präzisieren.
- Nachteile: Die Teilnehmer/innen sind – weil es nur einen Schreiber gibt – weniger aktiv und beim sukzessiven Aufschreiben sind keine Schwerpunkte erkennbar.

Grundsätzliches zur Punktfrage

Man unterscheidet

- Einpunktfragen und
- Mehrpunktfragen.

Bei einer Einpunktfrage wird eine Frage nach einer Bewertung oder Einschätzung gestellt und eine Skala angegeben, auf der sich jedes Gruppenmitglied einordnen soll, dies indem die Teilnehmer/innen zur Pinnwand gehen und auf der Skala einen Klebepunkt anheften.

Im einfachsten Fall lautet z.B. die Frage „Wie gut lässt sich Lösung A umsetzen?“, was auf einer Skala wie „Sehr gut – gut – mittel – schlecht“ oder ++ + 0 – angegeben werden soll. Das führt zu einem unmittelbaren Meinungsbild.

Man kann die Punkte auf

- gleitende Skalen,
- gestufte Skalen oder in
- Koodinatenfelder

heften. Beispiele bietet folgende Abbildungen

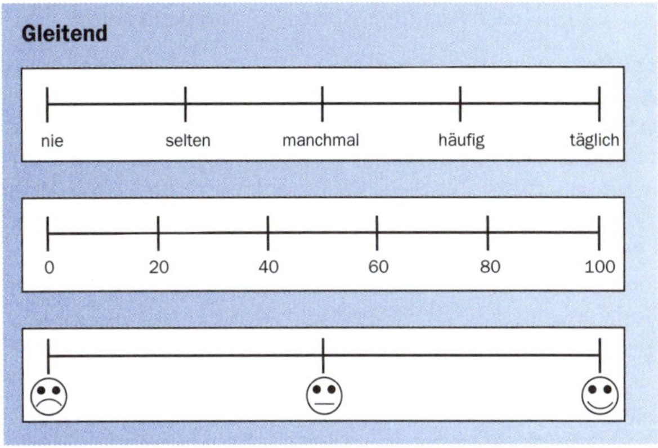

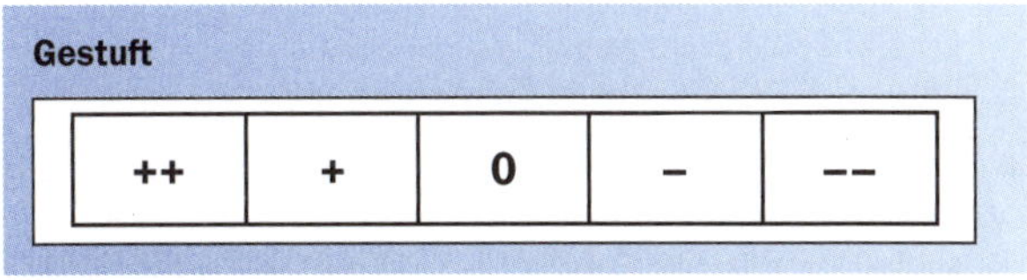

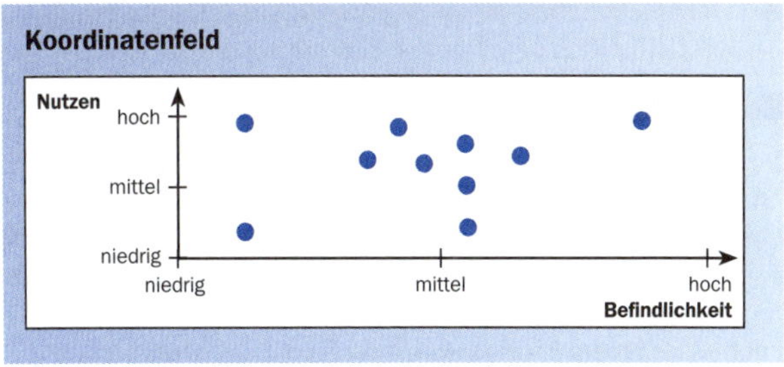

Mit dieser Methode lassen sich auch Prioritäten ermitteln. („Welche der Lösungen A, B, … bevorzugen Sie?"), was aber besser mit der Mehrpunktfrage geschieht.

Bei der Mehrpunktfrage stehen den Teilnehmer/innen mehrere Klebepunkte zur Verfügung, die sie auf die Alternativen (nach bestimmten Regeln) verteilen können.

Die Punktevergabe kann dabei
- durch Regeln eingeschränkt oder
- völlig frei zugelassen sein.

Oft werden sechs Punkte zur Verfügung gestellt und die Spielregel lautet, dass für die erste Wahl drei, für die zweite Wahl zwei und für die dritte Wahl ein Punkt vergeben werden müssen. Das zwingt die Teilnehmer zur Auswahl und zur Prioritätensetzung. Offener ist diese Regel: Vergabe zwischen null und drei Punkten, aber nur an begrenzt viele Alternativen. Das lässt zu, dass ein Teilnehmer je einen Punkt vergibt und somit die Alternativen in solche teilt, die er behalten und aussschließen will. Darf völlig offen vergeben werden, ist es möglich, dass jemand seinem absoluten Favoriten alle Punkte gibt.

Es gibt keine feste Regel, was zweckmäßig ist, das hängt völlig von der jeweiligen Zielstellung ab.

- Der Vorteil der Punktfrage ist der schnelle Überblick über die Gruppenmeinung, wobei durch die Mehrpunktfrage auch differenzierte Entscheidungen möglich sind.
- Der Nachteil besteht im begrenzten Informationsgehalt, da ausschließlich eine Punktzahl ermittelt wird.

Gute Fragen

Die Fragetechnik ist schon in Abschnitt 4.4 behandelt worden. Hier soll noch einmal darauf hingewiesen werden, dass die Qualität der Moderation mit den Fragen steht und fällt: Nicht suggestiv fragen, aber die Antworten in die vorgedachten Richtungen lenken und dabei Meinungsstreuungen sichtbar machen – das ist ein Mosaikstein der „Kunst des Moderierens".

Auf den Punkt gebracht

- Die häufig anzutreffende Neigung, bei der Präsentation den äußeren und bei der Moderation den inneren Rahmen im Vordergrund zu sehen, ist falsch. In beiden Fällen gehört beides zusammen. Bei der Moderation darf ein unzulänglicher äußerer Rahmen nicht zum Störfaktor werden – kümmern Sie sich vorab um den Raum, die Ausstattung, die Technik.

- Dieser erste Punkt darf nicht missverstanden werden: Professionelle Moderatoren unterliegen nicht mehr dem Missverständis, das bei Anfängern oft anzutreffen ist: Eine Moderation ist keine Show mit dem Moderatorenkoffer als Zauberkiste – die Medien sind nur Mittel zum Zweck.

- Ein wesentliches Element jeder Moderation ist das Fragen mit dem nachfolgenden Strukturieren der Antworten. Achten Sie sehr sorgfältig darauf, ob Sie in jeder Situation die richtige Fragenart (offen, geschlossen, alternativ, zurückgegebene Frage) einsetzen.

- Entscheiden Sie sich immer auch bewusst und abwechslungsreich zur jeweiligen Fragenmethode (Zuruffrage, Punktfrage, Kartenfrage).

- Planen Sie Ihre Moderation immer in Phasen und lassen Sie niemals den Anfang oder das Ende aus. Der Anfang ist für die Teamfindung und das Erreichen von Arbeitsfähigkeit grundsätzlich unerlässlich und am Ende muss der erreichte Erfolg sichbar gemacht werden. Variieren können Sie das Tempo und die Gewichtung der Phasen.

5 Problemstruktur und Kreativitätstechniken

Methodenrepertoire zur Problemlösung

5.1 Denkansätze, Problemstellungen und Kreativität

Die in einer Moderation zu lösende Problemstelllung kann zwei grundverschiedene Denkansätze erfordern:

- Geht es darum, die *eine* optimale Lösung zu finden, ist konvergentes Denken gefragt – viele Aspekte werden gesammelt und zu einer Lösung verdichtet.

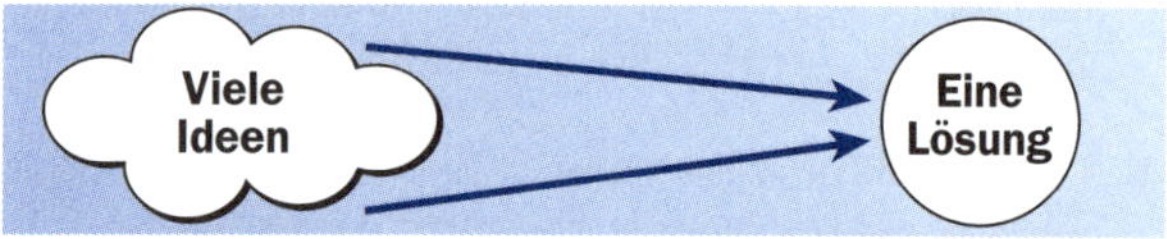

- Geht es darum, zu einem Problem möglichst viele unterschiedliche Lösungsvarianten zu finden, ist divergentes Denken gefragt, das zur Kreativitätsphase gehört.

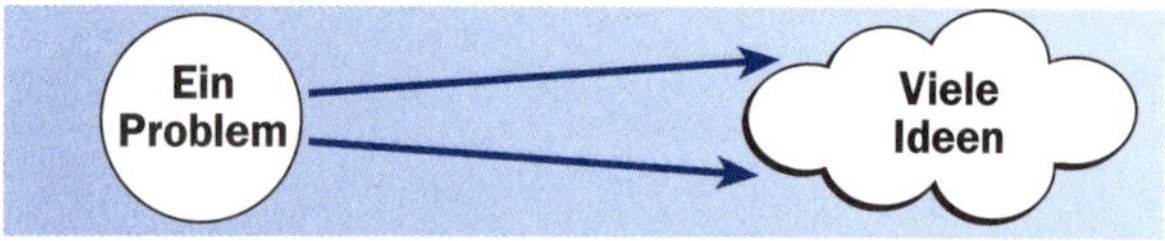

Beides braucht unterschiedliche Techniken und wird bei einer Problemlösung meist nacheinander eingesetzt, wenn zunächst mit Divergenz möglichst viele Varianten generiert und dann mit Konvergenz daraus die optimale ermittelt wird.
Ein Kreativitätsproblem und seine Lösung gliedert man unter diesem Blickwinkel in drei Phasen:

1. Informationsphase
2. Kreativitätsphase und
3. Entscheidungsphase

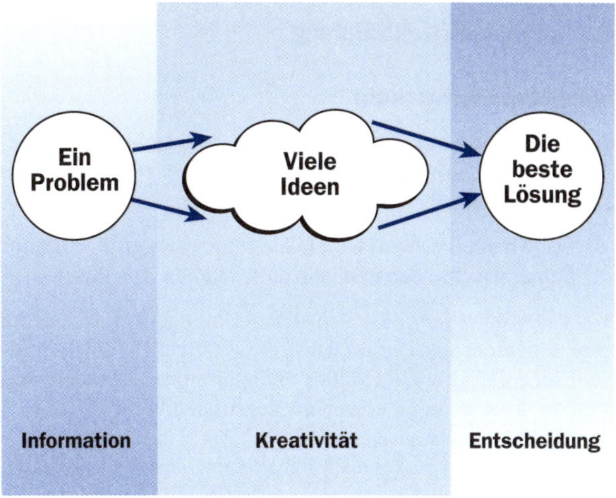

Die drei Phasen der Problemlösung

Es wird Ihnen längst aufgefallen sein, dass die hier genannte Abfolge mit den mittleren Phasen einer Moderation übereinstimmt. Nachdem eine moderierte Gruppe in ihrer Teamentwicklung so weit gekommen ist, dass sie sich dem Problem zuwendet, und bevor die Ergebnisse in eine Maßnahmenplanung münden, vollzieht sich im Hauptteil der Moderation im Wesentlichen diese Dreigliedrigkeit.
Als Hilfsmittel werden im Folgenden Problemstrukturierungs- und dann Kreativitätstechniken näher vorgestellt. Kreativitätstechniken machen sich meist drei Prozesse zu Nutze:

- Flüssiges Denken (Fluency) – auch Sprachflüssigkeit, das schnelle Hinübergleiten von einer Idee zur nächsten,
- Flexibilität – Informationen werden neu gemischt, es werden neue Sachbezüge und auch ungewöhnliche Beziehungen hergestellt und
- unkonventionelles Denken, das Verlassen eingefahrener Bahnen).

5.2 Problemstrukturierung

Mind-Maps entwickeln

Diese Methode (auch Netzbild-Methode genannt) hilft zum Sammeln und Strukturieren von Ideen und zum Darstellen von Zusammenhängen. Man geht hier von Anfang an geordnet vor.

> Das Thema/Problem wird in die Mitte eines großen Blattes Papier geschrieben und man entwickelt es „als Baum".

Von der Mitte gehen „Äste" in allen Richtungen mit Gedanken der Teilnehmer aus. Daraus wachsen „Zweige" für untergeordnete Ideen, und auch „Blätter" können noch angeschlossen werden. Man muss nicht nur mit Begriffen arbeiten, es dürfen auch Bilder sein.
Am Schluss kann man eine Ordnung herstellen oder Prioritäten bilden, indem man die Äste nummeriert, Symbole ergänzt oder Legenden darunter schreibt (bis hin dazu, wer welche Aufgaben übernimmt, Termine usw.)
Eine Mind-Map kann sowohl von einer einzelnen Person als auch in der Gruppe erstellt werden. Wird sie in der Gruppe eingesetzt, sollte sie gemeinsam entwickelt werden.

> Bei ausreichender Größe des Papiers können die Teilnehmer ihre Gedanken selbst gleichzeitig hinschreiben. Bei größeren Gruppen ist es empfehlenswert, dass dies auf Zuruf der Moderator macht.

Empfehlenswert ist die Verwendung von Farben zum Aufzeigen von Zusammenhängen. Folgt man der Problemhierarchie, wächst die Mind-Map nach außen hin an. Man kann Teile auf ein zweites Blatt setzen, aber das Bestreben ist , die gesamte Darstellung auf einer Seite vor sich haben. Möglicherweise braucht eine Mind-Map einen wiederholten Anlauf, weil ab der 2. Hierarchie (Verzweigung) Teilprobleme an unterschiedliche Äste angegliedert werden können, und das soll womöglich im Laufe der Arbeit verändert und korrigiert werden.

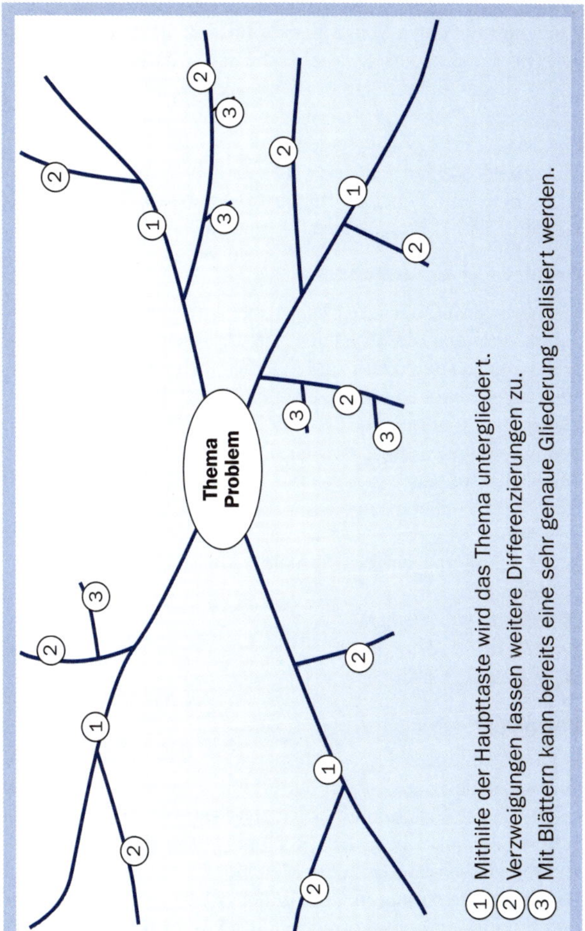

Strukturprinzip der Mind-Map

Ablaufplan

Auch mithilfe eines Ablaufplans kann man die Bearbeitung eines Themas genau nach Arbeitsschritten strukturieren. Entweder muss der Ablauf erst erarbeitet werden oder er ist bereits vorgegeben. Passend zum jeweiligen Ablaufschritt werden die Fragen und Probleme behandelt.
Visualisiert werden sollte dies auf möglichst großen Flächen, z. B. auf mehreren Flipchart-Blättern, die nebeneinander gehängt werden oder auf Pinnwänden, die man nebeneinander stellt.

Problem-Analyse-Schema

Sinn dieser Methode ist es, ein Problem in kleinere Teilprobleme zu zerlegen, diese systematisch zu beschreiben, mögliche Lösungen zu finden und zugleich die Nachteile dieser Lösungen aufzuzeigen. Durch das Problem-Analyse-Schema ist eine klare Struktur vorgegeben und die Teilnehmer werden dadurch veranlasst, viele Informationen zu liefern.
Auch hier sollten, wie beim Ablaufplan, große Flächen zum Beschriften zur Verfügung stehen. Meist wird mit vier Spalten gearbeitet:

- Wie äußert sich das Problem?/Auswirkungen des Problems,
- mögliche Ursachen,
- mögliche Lösungen,
- Nachteile der Lösung

Beispiel

In einem Unternehmen wird festgestellt, dass der Geldzu- und abfluss auf den Bankkonten sich erheblich verschoben hat. Das Problem äußert sich in einer ganzen Reihe von Dingen, dazu gehört beispielsweise, dass Rechnungen nicht mehr fristgerecht beglichen werden, dass Mahnungen von Finanzamt und Krankenkasse einlaufen, aber in der Bilanz die Liquidität abnimmt und der Kontokorrentkredit häufiger in Anspruch genommen wird. Nebenstehendes Schema zeigt, wie hier weitere Ursachen zugeschrieben und Lösungen angedacht wurden.

Geldzu- und abfluss auf den Bankkonten haben sich erheblich verschoben

Wie äußert sich das Problem	Mögliche Ursachen	Mögliche Lösungen	Nachteile der Lösung
eingehende Rechnungen werden z.T. nicht mehr innerhalb der vereinbarten Zahlungsziele beglichen	seit einem halben Jahr arbeitet hier ein neuer Abteilungsleiter	Schulung	dauert Monate
		Versetzen	es muss sich ein Neuer einarbeiten
		Kündigen	
		Gespräche führen	dauert zu lange, bringt keine Änderung, Methodik
Mahnungen vom Finanzamt und von der Krankenkasse	Einführung einer neuen Software	Schulung der Mitarbeiter	stehen dann nicht zur Verfügung
		Bezahlung per Hand	alles muss nachgebucht werden
Kontokorrentkredit wird öfter in Anspruch genommen	es findet keine Ausgaben-/Einnahmenplanung statt	Team bilden	kostet Zeit und Geld
		Formular verwenden	unflexibel

Problem-Analyse-Schema

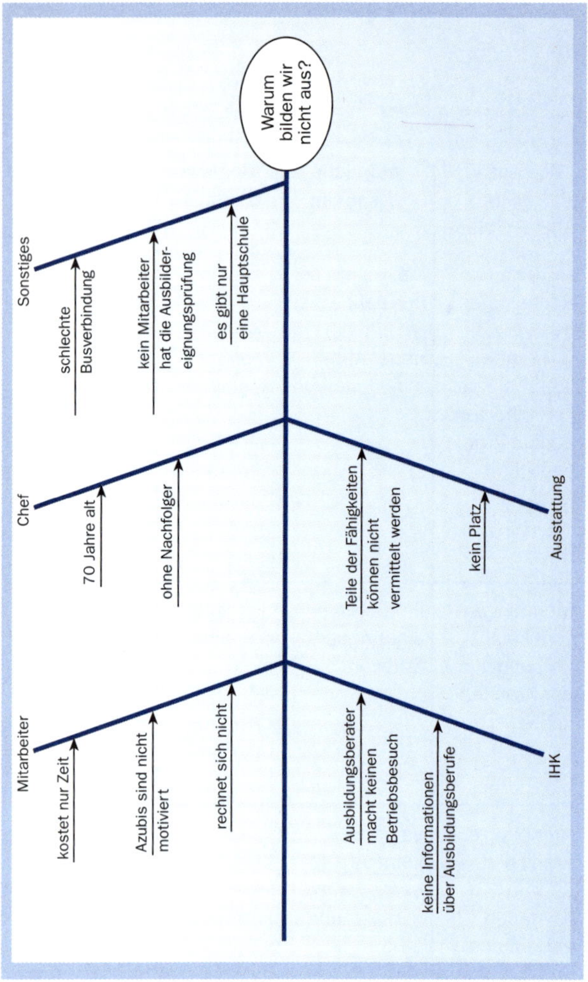

Beispiel eines Ishikawa-Diagramms

Ursache-Wirkungs-Diagramm

Wo die tabellarische Form nicht ausreicht oder unflexibel ist, zeichnet man ein Ursache-Wirkungs-Diagramm, auch Tannenbaum, Fischgräten- und Ishikawa-Diagramm genannt. Hier kann auf die systematische Suche und die Erfassung der Ursachen eines Problems eingegangen werden. Das Problem ist bekannt. Die klassischen Ursachenkategorien sind

- Mensch,
- Maschine,
- Methode und
- Material.

Man kann aber auch andere Ursachenkategorien nehmen, die passend zum Problem formuliert werden müssen. Die Problemursachen werden ausfindig gemacht und eingetragen. Zum Abschluss kann eine Gewichtung der Ursachen erfolgen.

5.3 Kreativititätstechniken von A bis Z

Blitzlicht

Das Blitzlicht ist eine kurze Momentaufnahme zur Gruppensituation. Die Teilnehmer/innen werden gebeten, spontan ein (mündliches) Statement abzugeben, wobei es jedem überlassen ist, ob er etwas sagt und wie viel. Als Orientierung stehen folgende Fragen zur Verfügung:

- Was war mir wichtig?
- Wie geht es mir momentan?
- Was nehme ich aus dieser Sitzung mit?/Was habe ich mir vorgenommen?
- Was möchte ich der Gruppe noch sagen?

Die Statements sollen nicht kommentiert werden.

Brainstorming

Mit der Technik Brainstorming versucht man möglichst schnell, möglichst viele Ideen zu finden. Die Kreativität wird gefördert und alle Teilnehmer werden in die Gruppe integriert. Wichtig ist in jedem Fall, dass alle Ideen positiv aufgenommen

und auch vorerst absurde Ideen eingebracht werden können. Der Sinn liegt in der Trennung von ungebremster Ideenentwicklung und dem Anstoß einer Kettenreaktion, denn möglicherweise fällt jemandem zu etwas unsinnig Anmutendem etwas Vernünftiges ein. Deshalb ist Kritik in der Sammelphase nicht erlaubt, sondern diese Phase kommt später.
Das Brainstorming wird mündlich durchgeführt – wobei die Ideen auf Tafel, Whiteboard, Flipchart oder – das ist das Beste – auf Karten notiert werden, weil sie dann später besser weiterverarbeitet werden können (nicht zu verwechseln mit dem Brainwriting, siehe dort).
Die Regeln für eine Brainstorming-Sitzung lauten ganz kurz:

- keine Kritik,
- freier Lauf für die Ideen,
- Quantität vor Qualität,
- Stichworte reichen,
- pro Idee eine Karte verwenden,
- deutlich schreiben,
- Ideen von anderen aufnehmen und weiterentwickeln.

Nachdem alle Ideen aufgeschrieben wurden, befestigt der Moderator die Karten an einer Pinnwand. Er kann jetzt beginnen, die Ideen zu gruppieren. Gemeinsam werden alle Karten geordnet. Als Nächstes folgt die Bewertung.
Erst jetzt wird Unsinniges oder Unrealistisches aussortiert. Damit jedes Gruppenmitglied alle Inhalte kennt, wird jede Idee besprochen. Es folgen Strukturierung und inhaltliche Aufbereitung der interessanten Themenfelder, meist in Gruppenarbeit. Als Letztes werden die Ergebnisse in Aktionen umformuliert und präsentiert.

> Entscheidend bei Brainstorming-Sitzungen ist, dass die Teilnehmer die Regeln kennen und sich auch daran halten.

Sobald Killerphrasen verwendet werden (Wer soll denn das bezahlen? Das ist doch reine Theorie.), ist es mit dem Ideenfluss vorbei.

Brainwriting-Methode 635

Die Ideensammlung findet in schriftlicher Form statt. Sechs Gruppenmitglieder schreiben jeweils drei Ideen auf, diese werden dann von den anderen Teilnehmern weiterentwickelt.
Dazu werden sechs Formulare ausgegeben, auf jedem der verwendeten Formulare sollte das Problem kurz geschildert werden. Nachdem jeder der sechs Teilnehmer seine drei Vorschläge aufgeschrieben hat, werden die Unterlagen in einer vorher festgelegten Reihenfolge fünfmal weitergegeben.
Jeder soll jeweils drei Ideen ergänzen, eventuell in Verbindung der bereits aufgeführten Gedanken. Insgesamt liegen also am Schluss 108 Lösungsideen vor und am Schluss hat jeder wieder sein eigenes Blatt Papier und kann sehen, wie seine eigenen Ideen eventuell weiterentwickelt wurden. Schließlich werden alle Lösungsvorschläge der ganzen Gruppe vorgestellt.
Je nach Planung kann dann nur abgestimmt oder bereits an einem Konzept zur Umsetzung weitergearbeitet werden. Der Vorteil ist, dass jeder Teilnehmer gezwungen wird, dasselbe Problem auch einmal von einer anderen Seite zu betrachten. Die gegenseitige Inspiration spielt hier eine große Rolle.

Diskussion 66

Hier handelt es sich um eine Variation des Brainstorming für Gruppen von mehr als 15 Personen. Man teilt in Kleingruppen von 6 Personen auf, die jeweils 6 Minuten Brainstorming durchführen. Anschließend trifft sich wieder das Plenum und stellt Ergebnisse vor und vergleicht sie.

Bionik

Der Begriff „Bionik“ kommt von Biologie und Technik. Man versucht, mithilfe von Vorbildern aus der Natur, Lösungen vor allem für technische Probleme zu finden.. Die vier Schritte:

1. Definition des Problems,
2. Analogien aus der Natur finden,
3. Analyse der Vorbilder aus der Natur
4. Ableiten der Erkenntnisse von der Natur auf das Problem

Delphi-Methode

Herrschen unterschiedliche Meinungen in einer Gruppe über Lösungsmöglichkeiten und können diese nicht auf einen Nenner gebracht werden, kann man die Delphi-Methode anwenden. Dies erfolgt meist in vier Schritten:

1. Erste Expertenbefragung: Zu der Gruppe werden Experten eingeladen, die ihre Meinung äußern und mitdiskutieren.
2. Erste Ergebnisauswertung: Man versucht, aus der Expertenbefragung ein übereinstimmendes Ergebnis zu erhalten. Dazu kann der Mittelwert durch Aussondern von Extremmeinungen gebildet werden.
3. Zweite Expertenbefragung: Die Experten werden ein zweites Mal auf Grundlage des ermittelten Ergebnisses befragt und geben wiederum ihre Meinung dazu ab.
4. Zweite Ergebnisauswertung: Ziel ist es auch hier wieder, ein übereinstimmendes Ergebnis zu erhalten. Sollte es hier noch nicht zu einer Einigung kommen, kann eine zweite Doppelrunde gestartet werden.

Morphologischer Kasten/Morphologische Matrix

Diese Methode kann gleichermaßen individuell und in der Gruppe angewandt werden. Der Name leitet sich vom Begriff ab – Morphologie bedeutet die Lehre von den Gestalten oder Formen. Es sollen alle denkbaren Lösungsmöglichkeiten eines Problems erfasst werden durch die Zerlegung in seine Problemelemente. Für diese Problemelemente werden möglichst alle Ausprägungen ermittelt. Durch geeignete Kombinationen versucht man anschließend das Gesamtproblem optimal zu lösen.

Nach der Definition der Aufgabe müssen die Merkmale und die Ausprägungen ermittelt werden. Diese trägt man in einen morphologischen Kasten ein, und zwar die Kategorien, Merkmale und Einflussgrößen senkrecht und die Ausprägungen waagerecht. Nach dem Ausfüllen folgt die Auswertung durch Verknüpfungen. Und als letzter Schritt wird der interessanteste Lösungsvorschlag ausgewählt.

Beispiel eines morphologischen Kastens –Vergleich bei der Auswahl eines Raums für die Moderation

Mermale	Ausprägungen		
Größe	bis 40 Pers.	bis 25 Pers.	bis 10 Pers.
Form	quadratisch	rechteckig	schlauchartig
Flexibilität	keine	teilbar	Zusatzräume
Tische	wenige große	flexibles System	uneinheitlich
Licht	einseitig Fenster	mehrseitig Fenster	fensterlos
Ausstattung	schön gestaltet	nüchtern	repräsentativ
Belüftung	natürlich	Klimaanlage	Glasdach m. Luke
Bewirtung	Pflichtabnahme	Wahlangebot	kein Catering
Lage	City	Vorort	im Grünen
Preis	hoch	mittel	günstig

Neun Basisfragen nach Osborne

Alex Osborne hat neun Basisfragen entwickelt, mit denen eine Lösung noch einmal überarbeitet, verändert und verbessert werden kann. Es ist durchaus möglich, dass man zunächst auf einige Fragen keine Antwort findet, sondern erst im Laufe der Zeit die einzelnen Lücken füllt.
Dies ist wiederum eine Methode, die allein oder im Team einsetzbar ist.
Die neun Fragen allgemein

1. Wie kann man es anders verwenden?
2. Wie kann man es anpassen?
3. Wie kann man es verändern?
4. Kann man es vergrößern?
5. Kann man es verkleinern?
6. Kann man es ersetzen?
7. Kann man es neu anordnen?
8. Lässt es sich kombinieren?
9. Kann man es transformieren?

Synektik

Probleme werden zunächst verfremdet und Analogien gebildet. Zum Schluss versucht man, das Verfremdete mit dem Vertrauten wieder zu kombinieren. Das Verfahren vollzieht sich in 10 Schritten:

1. Formulieren des Problems
2. Brainstorming
3. Neuformulierung des Problems, evtl. mit Zusatzidee
4. Bildung einer direkten Analogie (in fremden Bereichen Lösungen für ähnliche Probleme finden)
5. Bildung einer persönlichen Analogie
6. Bildung einer symbolischen Analogie
7. Bildung einer neuen direkten Analogie
8. Analysieren der Lösungen
9. Erzwungene Einigung (Force fit)
10. Formulieren von Lösungensansätzen

Beispiel
Durch die Verfremdung sollen Betriebsblindheit und die üblichen Denkgewohnheiten vermieden werden. Als Beispiel ist ein Problem aus dem Bereich der Lagerhaltung in einem kleinen Unternehmen gewählt.

Zu 1. Bei der Einlagerung von Gütern kommt es immer wieder vor, dass nicht alles auf einmal in ein Regal passt, so dass die übrig bleibenden Teile woanders gelagert werden, wo man sie vergisst.

Zu 2. Genannt wurden: Auf Kartei/in Datei vermerken, weniger bestellen, Lagerplan führen, deutliche Kennzeichnung auf den Kartons, Wiedervorlagemappe führen, bis wieder alles an einem Platz liegt

Zu 3. Da das Problem damit zusammenhängt, dass der Verantwortliche der „Vergessliche ist“, wird gefragt: Wie kann das Gedächtnis oder die Arbeitsweise des Lagermeisters verbessert werden?

Zu 4. Bionik nutzen: Eichhörnchen vergraben Nüsse und finden sie nicht mehr. Hunde finden ihre versteckten Knochen nicht mehr. Wellensittiche finden nicht mehr zurück. Wale verirren sich auf ihrem Weg und stranden.

Zu 5.Was tue ich, um etwas wieder zu finden? Ich stelle alles an den gleichen Ort. Reicht der Platz nicht, schaffe ich dort neuen Raum. Ich arbeite mit Farben: gleiche Farben kennzeichnen Dinge, die zusammengehören.

Zu 6. Reicht der Platz nicht aus, schaffe ich dort neuen Raum.Schrumpfen der Güter, am Himmel aufhängen, auf dem Gelände ein Zelt aufstellen, im Büro des Einkäufers lagern, mit Piepsern versehen

Zu 7. Teilnehmer wählen eine symbolische Analogie und finden wieder den Weg zurück zur Praxis. Ausgewählt wurde: am Himmel aufhängen – Hochregale, Zwischenböden einziehen, erweiterbares Regalsystem nach Bedarf

Zu 8. Analysieren der Lösungen: Hochregale: Umstellung der EDV, neue Betriebsmittel…Zwischenböden: Statik, Beschickung, Registrierung per Software …Erweiterbares Regalsystem: Lagerung der Ersatzteile, Stabilität

Zu 9. Die Teilnehmer müssen jetzt brauchbare Ideen formulieren: Was kann vom Hochregal oder dem erweiterbaren Regalsystem auf das aktuelle Problem übertragen werden?

Zu 10. Je nach Bedarf Kombination aus Hochregal und erweiterbarem Regalsystem. Welche technischen Voraussetzungen müssen erfüllt werden und wie muss die Software angepasst werden? Wo werden die Regalteile gelagert, wenn sie nicht gebraucht werden? (Übergabe an Fachleute)

Szenario-Technik

Je weiter etwas in der Zukunft liegt, desto ungewisser ist es. Da man nicht einfach die Werte der Gegenwart in die Zukunft extrapolieren (verlängern) kann, müssen Lösungsmöglichkeiten in verschiedenen Szenarien durchgespielt werden. Daraus kann man versuchen abzuleiten, wie gut eine Lösungsalternative tatsächlich ist. Zuerst werden die Szenarien der Zukunft entworfen. Dazu müssen bestimmte Annahmen getroffen werden, in einem Produktsbetrieb beispielsweise

- über Lieferanten (Konzentration auf zwei oder nur einen oder umgekehrt größere Anzahl, etwa sogar das Doppelte),
- über die Rohstoffe (werden welche knapp und reichen sie nur noch für begrenzte Zeit oder liefert die Werkstoffentwicklung weitere neue),
- über die Kunden (kaufen sie wenige oder mehr, orientieren sie sich anderwärtig, z.B. in anderen Ländern)?

Auf Grund des jeweiligen Szenariums untersucht man die Auswirkungen auf eine geplante Lösung. , was Planungshorizonte wesentlich vergrößert.

Wabe und Gitter

Hier sollen Folgen von Assoziationen gebildet werden. Durch die Form ist eine Struktur vorgegeben. Das Thema steht in der Mitte und die Arbeitsanweisung lautet, dass in konzentrischen Schichten vorgegangen wird. Dadurch entsteht ein gewisser Zwang zur Strukturierung und ein Ausufern wird vermieden.

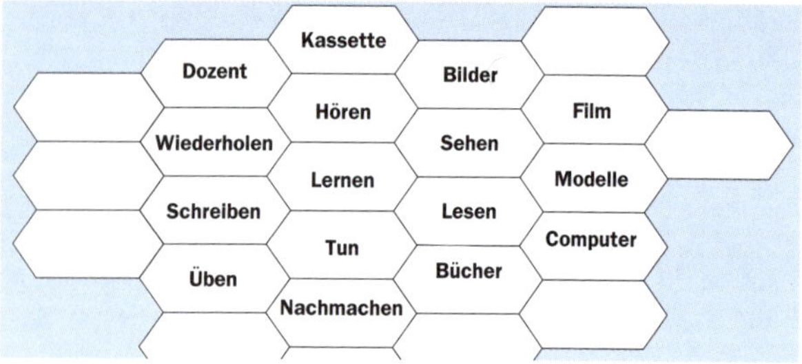

Wave

Übersetzt bedeutet Wave „Welle“ und mit einer Welle kann man etwas wegspülen oder auch jemand auf die gleiche Wellenlänge bringen.
Mit Wave kann man sich darauf vorbereiten, jemanden zu überzeugen, und Wave steht auch für vier Phasen:

W = Widerstände sammeln

A = Argumente vorbereiten

V = Verlockende Formulierungen entwickeln

E = Erfolgserwartung aufbauen

Auf einem Blatt Papier müssen alle Widerstände, Gegenargumente und Gründe gesammelt werden, die für die Ablehnung einer Neuerung sprechen. Auf einem zweiten Blatt Papier werden dann in gleicher Weise alle Argumente gesammelt, die für das neue Vorhaben sprechen. Auf einem dritten Blatt Papier schließlich werden alle positiven Argumente in wörtlicher Rede verlockend formuliert. In einem vierten Schritt bringt sich derjenige, der einen anderen von etwas überzeugen möchte, in eine positive Erfolgsstimmung.
Nicht immer lassen sich Widerstände/Gegenargumente und Argumente paarweise gegenüberstellen, sie beziehen sich ggf. auf unterschiedliche Aspekte und müssen in „der Summe“ abgewogen werden. Auch brauchen sich die verlockenden Formulierungen nicht auf alle Argumente zu beziehen.
Die Methode ist – quasi seitenverkehrt – auch geeignet, von sich selbst etwas abzuwehren, dann stehen die Buchstaben für folgende Phasen:

W = Widerstände gegen etwas
A = Argumente der Gegenseite
V = Verteidigung des Standpunktes
E = Erfolgserwartung

Zielscheibe

Das Verfahren ist verwandt zur Kartenabfrage und zur Wabe. Hier werden jedoch die Ideen und Lösungsansätze mithilfe einer aufgezeichneten Zielscheibe gesammelt, gruppiert und gewichtet. Der Schwerpunkt verschiebt sich also vom freien Sammeln aller kreativer Ideen auf die Anforderung hin, möglichst „treffende“ Aspekte zu finden. Nach Bekanntgabe des Themas erhält jeder Teilnehmer Karten oder Zettel und schreibt darauf seine Ideen und Gedanken.
Dabei ist darauf zu achten, dass pro Karte/Zettel immer nur ein Punkt erfasst wird. Die Teilnehmer platzieren ihre Karten selbst auf der Zielscheibe. Dabei sollen sie die inhaltlichen Zusammenhänge beachten. Je wichtiger etwas ist, desto näher wird es zur Mitte hin platziert. Am Schluss werden von allen gemeinsam für die Sinneinheiten Überschriften gesucht. Nachfolgend ein Beispiel:

Zweidimensionale Matrix

Mit dieser Methode kann man Probleme oder Situationen gut darstellen, die von zwei Faktoren beeinflusst werden. Vergleiche oder Priorisierungen sind hier leicht möglich. Zuerst werden zwei Aspekte des Problems festgelegt, das näher betrachtet werden soll. Für jeden dieser Aspekte bestimmt man die beiden wichtigsten Merkmale und überträgt sie in ein Diagramm. Anschließend kann man die Einträge vornehmen.

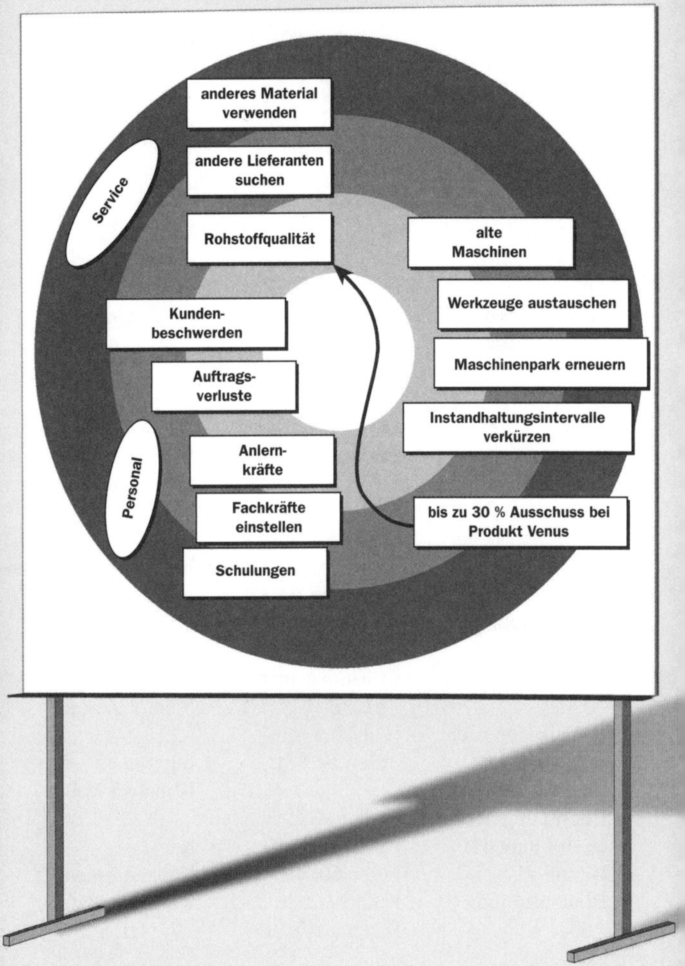

Service
anderes Material verwenden
andere Lieferanten suchen
Rohstoffqualität
alte Maschinen
Werkzeuge austauschen
Kunden-beschwerden
Maschinenpark erneuern
Auftrags-verluste
Instandhaltungsintervalle verkürzen
Personal
Anlern-kräfte
Fachkräfte einstellen
bis zu 30 % Ausschuss bei Produkt Venus
Schulungen

Stichwortverzeichnis